Bait And Switch

The (Futile) Pursuit of the American Dream

失業白領的職場漂流

專欄作家化身高年級求職生的臥底觀察

Barbara Ehrenreich
芭芭拉・艾倫瑞克——著

林淑媛——譯

目次

Review

Bait And Switch

各界推薦

有關資本主義的黑暗面，芭芭拉・艾倫瑞克是我們最頂尖的報導者。

——《紐約時報書評》（*The New York Times Book Review*）

一個聰明、尖銳的觀察者……對讀者來說，艾倫瑞克是個傑出、銳利的同伴。

——《紐約時報》（*The New York Times*）

在艾倫瑞克重量級的作品集中，增添又一值得敬佩之作。

——《洛杉磯時報》（*Los Angeles Times*）

觸動人心又引人入勝。

——《芝加哥論壇報》（*Chicago Tribune*）

可與《我在底層的生活》相提並論之作。

——《華盛頓郵報》圖書世界版（*The Washington Post Book World*）

艾倫瑞克是美國文化敏銳的觀察者。

——《財富》雜誌（*Fortune*）

《失業白領的職場漂流》……像是英國記者伊夫林・沃（Evelyn Waugh）寫的小說。故事裡那個言辭犀利的中年社會評論者，宛如化身為諷刺小說主角憨第德（Candide）的伏爾泰，載浮載沉在充滿職涯教練、履歷表、人際網絡運作和徵才展的殭屍地帶。

——《哈潑》雜誌（*Harper's*）

充滿洞見……艾倫瑞克以幽默、沉著的語調，訴說那些詭異地驚人的經歷。

——《商業週刊》（*Business Week*）

諷刺、流利、荒謬好笑。

——《娛樂週刊》（*Entertainment Weekly*）

鋒利且單刀直入。

——《瓊斯媽媽》雜誌（*Mother Jones*）

發人省思……今秋最啟發靈光的閱讀。

——《魅力》雜誌（*Glamour*）

生動且扣人心弦。

——《異議》雜誌（*Dissent*）

在整本書裡，幽默和憂傷都緊緊交纏。

——《新聞日報》（*Newsday*）

艾倫瑞克發現了前哨站……而大多數記者根本不會知道他們的存在……即使在大量中產階級的收入資產、失業率等資料裡翻撈，也無法找到她所發現的東西。

——《哥倫比亞新聞觀察》（*Columbia Journalism Review*）

有著動人的魅力。

——《西雅圖時報》（*The Seattle Times*）

（本書）技巧熟練地解析這些職場上的心靈導師是如何運用自我實現的言論、充滿魔力的思考方式，來嚇唬他們的客戶。

——《*Elle*》

充滿敏銳觀察力，或許更讓人驚訝的是，有趣。

——《*Common Wealth*》

有趣到讓人大笑。

——《里士滿時訊報》（*The Richmond Times-Dispatch*）

失業帶來毀滅性的影響，而艾倫瑞克確實地提醒了我們在情緒上付出的代價。

——《快速企業》（*Fast Company*）

艾倫瑞克對目光混沌、行為失序的中產階級白人，有著十分精準的描述。

——《美國保守派》（*The American Conservative*）

艾倫瑞克的評論銳利，且十分具有殺傷力……她成功聚焦在無業、或是無力以穩定經濟來源來撐過巨大變動的陰暗底層社會。

——《夏洛特觀察家報》（*The Charlotte Observer*）

Foreword

Bait And Switch

推薦序｜比失業更慘的事

——財經新聞主編　胡采蘋

有什麼事情比失業更慘？就是當你已經失業了，還被捲入了「失業陣線聯盟」。原來在美國有一種產業，包括求職顧問、生涯諮詢、networking活動團體，專門把已經斷絕收入來源的失業人群作為「消費者」，提供求職服務。然而經過作者芭芭拉・艾倫瑞克親身臥底調查之後，竟然發現，這些求職顧問自己也都在找工作……

其實《失業白領的職場漂流》讓我看得哈哈大笑，完全不是一本苦情的書。芭芭拉個性非常調皮、文筆嘲諷詼諧，身為《哈潑雜誌》、《時代雜誌》、《紐約時報》的撰稿人，你可以想像她的文筆是非常好的。讀這本書時，眼前幾乎都要出現那些畫面了，好幾次我都不小心笑出聲來。

芭芭拉偽裝成一個想要找尋公關工作的白

領，努力通過「求職顧問產業」找工作，然而一路上她誤闖了各種想要賣課程的求職魔鬼營、相信上帝會幫大家找到工作的熱烈宗教集會、幾乎要變成抑鬱失業者大會師的求職見面會，以及從頭到尾都說這是份工作，卻其實連健保、底薪都沒有，以直銷方式、拉下線賣保險的組織。

然而她求職的時間段，還是美國經濟比較好的二〇〇四年左右，很難想像二〇〇八年金融海嘯後是什麼光景。也就不難理解，為什麼去年富商唐納·川普在競選美國總統時，會在「鐵鏽區」大獲全勝而當選。

美國的低階白領處在崩潰邊緣已經太長時間，白領工作者又特別尷尬，不像藍領勞工，收盤子、洗廁所的工作永遠很好找。藍領要忍受的是低薪、辛苦的工作環境，然而白領的失業會真正進入無工作狀態。這也就是為什麼，很多人自稱求職顧問、職涯諮詢，其實他們也是被辦公室拋棄的人。

有一個現象特別能說明這種不安全感：在芭芭拉一路奮發向上的求職過程中，許多參加networking聚會的同伴，甚至是在職的工作者，由於他們親眼看見同事們被裁員，因而導致「倖存者症候群」，時時刻刻覺得自己可能就是下一個。留下的人並沒有比較愉快。

雖然這是一本舊書，但是白領失業的問題，很可能會迅速到來。在AlphaGo打敗全世界圍棋手的新AI時代，我們已經可以預期到，機器人、演算法、人工智能，將會取代辦公室工作，這樣的失業是結構性的、永久性的，而且可能在未來的三到五年到來（金融業已經有很多用ＡＩ投資取代基金操盤人的例子）。

憂傷無用。從現在開始，真正把「白領失業」當作一個嚴肅的問題。既然知道經濟結構面會有此變化，每個人所應該做的，是趕緊思索自己在未來經濟結構的位置，並且及早做出準備，鍛鍊自己面對問題的心智與能力。

這絕對不是把大環境問題丟給個人解決，我從少年時代就是一個上街頭的左派學生，我知道這不是。一個健康的經濟結構，永遠依賴於靈活、聰明的頭腦，我們每一個人的強大，才能夠促成整個經濟結構的強大。拚經濟從來就不是政府單方面的事情，這是一個互動的結構，我們每個人也應該問問自己都拚了多少。

Foreword

Bait And Switch

推薦序｜沉迷加班的企業宛如毒蟲，需要的是燒鴉片

——作家 盧郁佳

《失業白領的職場漂流——專欄作家化身高年級求職生的臥底觀察》，是二〇〇七年《M型社會白領的新試煉》的新版。新書名令人想起好萊塢電影《高年級實習生》：七十歲的鰥夫勞勃・狄尼洛衣食無憂，為排解喪妻之痛，網路服飾店就雇他當三十歲創辦人安・海瑟薇的助理。他巧妙觀察老闆的需求，用老闆的方式思考，靈活跟上企業文化。因為他任勞任怨，陪老闆假日出差，當老闆司機，順便替老闆送小孩上學，說來正是侯孝賢電影《戀戀風塵》裡，五、六十年代台灣裁縫店期待實習生——學徒的打雜範圍，符合戒嚴時期的勞權思維：別傻了，你沒有勞權。所以老學徒順風順水，得到小他四十歲的老闆尊敬。老闆請教「為何你總能把事做對」，而他欣然回答：

「做自己覺得對的事情就不會錯！」像長青劇集解危救難主角的固定台詞，這童話保證了老好年代永存。

而本書紀實打破了電影期望：失業中年白領們有妻小要養，急於找工作繳房貸，卻遭求職教練、履歷老師、造型顧問、職業仲介、教會假求職真傳教等禿鷹趁火打劫。即使不惜重資投資自我改善，仍被非人的企業文化打擊到呆若木雞。萬念俱灰時，被歸罪為表現不夠熱情，被落井下石說不夠積極正面，被迫撒謊造假、假笑逢迎。做自己覺得對的事情，你就不會有工作！

十年後重讀，此書過時了嗎？美國勞工在勒頸壓力下緩過一口氣，台灣勞基法根本沒有執行過，卻還被改得像根本沒有立過法。此書不但沒過時，而且可能是唯一替我們訴說職場真相的。在職者像求職者一樣，自信飽受侵蝕，試圖考證照、學瑜珈，前人把受氣當修行，後人把剝削當水逆。勞工逐漸因為痛苦而封閉，懷疑自己不夠好，祕密貶低自己，相信自己不可能得到更好的待遇，唯一期待就是撐過這一週，撐過這一天，撐過這一小時。只是想要活下去，為何這麼難？

因為勞工從未獲准站在自己觀點來看待壓迫，「埋頭努力就有回報」、「若你夠好就會有人雇用你」的信念，迫使他們屈服於爛工作無法脫身。本書貢獻就是打破這種錯誤信念，商業勵志書和《高年級實習生》鼓吹的正面思考企業文化，不但失實，且是阻礙轉型的甜美鴉片。《失業白領的職場漂流》每一頁都在試著撕下這偽善面具，它是美國轉型奮鬥的一部分。唯有面對真相，改革才能真正有所作為。

Introduction

Bait And Switch

序章

我寫過許多關於貧窮的題材，因此很習慣聽到人們在恐慌狀況下發生的事，像是房東下逐客令、小孩生重病，健保卻到期了、車子壞了沒辦法上班等。這些突發狀況就像家常便飯，折磨著長年貧困的人們。但大約從二〇〇二年開始，我突然發現許多艱辛的故事，都發生在曾經狀況不錯的中產階級身上——有大學文憑，過去任職中階職位的白領。某位來自相似背景的作家指責我，認為我過去忽視了像她一樣努力工作、正直守德的人：

「試著去研究一下像我這種高中時沒懷孕生子、成績好、工作努力、不拍馬屁的人，不但得不到升遷與合理的薪資，還淪落到為時薪七美元的工作折腰，助學貸款總是不斷延期歸還，賴在父母家裡，而且欠了可能一輩子都還不清的債。」

白領階級向下流動的情況與藍領階級的經濟困境，兩者不能輕率地等同視之。傳統上，冷漠的人們會將藍領階級的處境歸咎於「不明智的抉擇」，例如大學沒畢業、經濟不穩定就生小孩，或是當初怎沒選個有錢的家庭投胎。然而，我們不能用「不負責任」這種字眼指責這些不幸的白領階級，他們「什麼事都做對了」：拿到高學歷、往往放棄了年少時對哲學或音樂的熱情，選擇忍受管理或財務這種枯燥卻實用的主修科目。在某些個案中，他們屬於高成就者，之所以碰壁是因為薪水已經高到成為裁員的誘因。換句話說，他們是典型「誘導轉向」（bait and switch，編註：以低價商品引誘顧客上門，實際上是要兜售高價同類商品的誘售法。）遊戲裡的輸家。當人們對藍領階級的貧窮已經麻木不仁、見怪不怪，白領階級的失業問題（以及經常隨之而來的貧窮問題），對懷抱美國夢的人來說，是突如其來的棒喝。

我發現自己對於企業界的中高階層所知甚少，因為至今我與企業界的接觸，幾乎只限於薪資低、層級也低的人士。在我前一本書《我在底層的生活》（*Nickel and Dimed: On [Not] Getting By in America*）的訪查過程中，我曾是他們當中的一份子——一家全國連鎖餐廳的服務生、清潔工、沃爾瑪（Walmart）超市的「助理」。和其他人一樣，我也曾經以消費者的身分接觸過企業界，和職務層級相當低的人（零售店員、客服代表、電話行銷人員）打過交道。至於決策階層（也就是副總裁、業務經理和地區經理之類的），我只在飛機上看過這些人，研讀有關「領導」的書，在筆電上玩玩試算表，或是看某某企業之父的傳記看到睡著。[1]我和未來的企業人比較熟，造訪大學校園時遇過很多——「商學」仍是校園裡最熱門的主修科目，只因它被眾人視為最穩定也最賺錢的學科。

不過，白領階層陷入困境（假如還算不上「悲慘」）的徵兆近年開始不斷出現。首先，從二〇〇一年經濟衰退以來，學歷高、資深的工作者失業率持續攀升。二〇〇三年底，當我開始進行這本書的寫作計畫時，失業率達五．九%左右；但和較早的經濟衰退相比，這回的失業人口中有極大比例（將近二〇%，或大約一百六十萬人）是白領階層的專業人士。[2]先

---

1 要深入了解和我相隔甚遠的文化與時代，小說是我最喜歡的資訊來源，但這次小說幫不上忙。一九五〇、六〇年代出現過幾部有關白領企業生活的長篇小說，相當引人入勝，包括理察．葉慈（Richard Yates）的《真愛旅程》（*Revolutionary Road*）和史龍．威爾森（Sloan Wilson）的《一襲灰衣萬縷情》（*The Man in the Gray Flannel Suit*），但近年的長篇小說和電影，除了把白領工作當作偷情的故事背景，生活細節往往未加著墨。

2 根據美國勞工統計局（Bureau of Labor Statistics）的統計，女性失業率只比男性失業率多了一點：六．一%比五．七%，而白人女性（就像我）的失業率大約是黑人女性的一半（www.bls.gov）。

前經濟衰退最受打擊的是藍領階級；這一次，博得媒體同情的是屬於菁英族群的專業人士、技術人員和管理職員工。二〇〇三年四月時，《紐約時報雜誌》（*The New York Times Magazine*）的一則封面故事引發熱烈討論：一位過去年薪三十萬美元的前資訊業經理，在失業兩年後竟到GAP服飾當銷售員。[3]從二〇〇〇年起整整四年，類似的故事時有所聞，像是企業鉅子或中階員工的身價大跌，遭到公司革職，被迫到星巴克賣咖啡。

現在，白領工作的不穩定性不再像是商業景氣循環週期的某個函數——股市一跌便升，一漲就落[4]，也不只局限於劇烈震盪的電訊或科技業，或美國少數像「鐵鏽地帶」（Rust Belt，編註：指從前工業繁盛、今已衰落的地區。）或矽谷的區域。經濟也許上揚，公司或許也賺大錢，但裁員仍舊持續著，就像違反天擇的反常現象，不論平庸之徒或是有能力、有成就的人，一概被淘汰。從一九九〇年代中期以來，這種不斷篩選的過程已經被「人事精簡」、「公司適型化」、「智慧適型化」、「架構重整」，以及「組織扁平化」等修辭制度化了——而現在又加上一項：把白領職務外包給國外的廉價勞力市場。

二十一世紀初，一本商業暢銷書中的隱喻：「乳酪」——意指穩定、報酬優渥的工作，的確已經被搬走了。二〇〇四年，一項針對經理人所做的調查顯示：九五%的人預期，不論是否出於自然淘汰，都會離開現有職務；六八%則擔心無預警解雇或失業。[5]換句話說，人們尚未失業就已經感受到失業的焦慮與絕望。

白領困境的第二個現象可稱為「過度就業」（overemployment）。我從資料中得知，現今的中高階企業主管與專業人士，和必須做兩份工作才能生存的低收入者一樣，常常得面對工時過長的問題。著有《工作過度的美國人》（*The Overworked American*）的經濟學家茱麗葉・修爾（Juliet Schor）與《白領階級血汗工廠》（*White Collar Sweatshop*）作者、同時也是商業記者的吉兒・佛雷瑟（Jill Andresky Fraser），都對白領員工壓力過大的處境有諸多描述：白天辦公時間長達十至十二小時，晚上在家又繼續用筆電工作，甚至連度假或假日期間也得用手機與公司保持聯絡。佛雷瑟指出：「以華爾街為例，主管指示新進人員在辦公室多放一套衣物與牙刷，遇到徹夜加班，連回家睡一下也不行時，可以派上用場。」[6]她也引述

---

3 強納森・馬勒（Jonathan Mahler），〈沒有目的地的通勤〉（*Commute to Nowhere*）。《紐約時報雜誌》，二〇〇三年四月十三日。

4 有兩本書特別啟發我：吉兒・佛雷瑟的《白領階級血汗工廠》（*White Collar Sweatshop: The Deterioration of Work and Its Rewards in Corporate America*）和理查・賽內特（Richard Sennett）的《職場啟示錄：走出新資本主義的迷惘》（*The Corrosion of Character: The Personal Consequences of Work in the New Capitalism*）。

5 哈維・麥凱（Harvey Mackay），《我們被炒魷魚了！這對我們來說再好不過了》（*We Got Fired!... And It's the Best Thing That Ever Happened to Us*），頁九十四。

6 佛雷瑟，《白領階級血汗工廠》。頁二十三。

了一位英特爾（Intel）員工的話：

「倘若你選擇以家為重，你的考績就會墊底。我寧願無止境地工作，週末上班，天涯海角到處出差。我沒什麼嗜好，對戶外活動也不感興趣。如果我沒公事可忙，我就什麼都不是。」[7]

很明顯，過去被我忽略的白領社經族群有了大麻煩。以前我認為他們生活優渥，又有影響力，不值得我關注。我一向認為他們生活安逸無憂，但現在卻發現他們遭遇不為人知的困境，於是我決定加以調查。我選擇了《我在底層的生活》時所用的寫作策略：隱瞞記者身分，實地下海，以第一手的經驗來探查問題。人們是否被迫失業？如何才能找到新工作？此外，如果情況糟糕得像某些報導所說，為何抗議的聲音寥寥無幾？

我的計畫再直截了當不過：找份工作，一份「好」工作。我對白領職務的定義是，至少要有健保和大約美金五萬元的年薪，才稱得上是標準的中產階級。這份工作會是相當難得的親身體驗，讓我能一窺企業界的中間階層，而努力求職的過程自然可以讓我置身於最窘迫的白領工作者之中——也就是失業的人。

我想盡可能以匿名的方式進行這件事，因此必須摒除某些領域，像是高等教育機構、雜誌、報章和出版業，以及非營利慈善機構。以上任何一行，我都有被認出的風險，比起一般的求職者，有可能會受到不同的待遇（希望是比較友善的待遇）。但這些限制並未大幅縮小求職的領域，因為多數白領專業人士都在企業界其他的營利機構——從銀行業到服務業，製藥業到財經界。

決定踏入企業界，而且還是這麼不熟悉的領域，讓我必須放棄或至少暫時擱下一些根深柢固的態度與觀念，包括我一直以來對美國企業界與企業領導者的批評。一九七〇年代，當我還是名未經世故的調查記者時，就狠狠地批判過主宰健保系統的企業：製藥公司、醫院體系、保險公司。接著，八〇年代時，我的注意力轉移到藍領與女性工作者的待遇，把美國棘手的貧窮門檻（根據聯邦政府的統計是十二．五％，根據較新的統計則是二五％），歸咎於一般工作者長期以來受到的低薪待遇。過去幾年，一波波的金融醜聞（從本書寫作期間的安隆事件〔Enron〕到南方保健〔HealthSouth〕和霍林格國際〔Hollinger International〕），都被我視為企業界日漸腐敗的證據，這是典型的內部掠奪，並罔顧員工、消費者甚至股東的權益。

但為了達成計畫目標，這些批評必須先擺在一旁，或盡可能拋在腦後。不管喜不喜歡，

---

7 佛雷瑟，《白領階級血汗工廠》。頁一五八。

公司都是主宰全球經濟的單位，也是我們日常生活所倚賴的經營組織。我一邊用IBM筆電寫作，一邊啜飲立頓（Lipton）茶包泡出來的茶，還穿著GAP的衣服——全是大企業或其相關產品。是企業界讓飛機起飛（雖然不一定準時）、供應食物（而且不斷增加），以及「使人大致上美夢成真」。我一直都是企業界的局外人，經常尖酸刻薄地批評，但我現在卻想跨進這個圈子。

我知道，這不全然是一次公正的就業市場檢驗，只因我這名求職者有一些起跑點上的劣勢。第一，我是已經上了年紀的中年人，而年齡歧視正是企業界眾所周知的問題，即便才四十出頭也一樣，所以在這方面我肯定很吃虧。話雖如此，這點短處絕不是只有我才有的問題，從喪失生活憑藉的主婦，到被裁員的主管，很多人發現自己已到達曾被視為可以悠閒退休的年紀，卻還在找工作。

而且，我還有一點吃虧的地方，就是我從未在任何公司做過白領階級的工作。我曾在紐約市預算局的公部門做過一份專業的辦公室工作，大約歷時七個月。工作內容都是開會、摘錄報告重點和撰寫備忘錄等典型的白領事務，但那已是好久之前的事了，遠在手機、PowerPoint和電子郵件出現之前。現在我想要跨入的企業界，任何事情對我來說都是嶄新的：工作績效的標準、評鑑的方法、溝通的話語，甚至是溝通的模式。不過，我學什麼都快，在新聞界就得這樣，我希望能靠這點順利過關。

第一步是得弄個新的身分和相關的個人經歷，也就是一份履歷。換身分比想像中容易多了，例如去一趟洛杉磯的阿爾瓦拉多街（Alavarado）和第七街口，就會有人湊過來低語：「身分證，身分證」。但我最後還是決定走合法途徑，因為我想在工作機會上門時，將所有文件都萬無一失地齊備。聽起來或許有點自我感覺良好，不過我擔心我現在的名字可能會被人認出來，至少用Google查詢時，會出現一大票令人尷尬的搜尋結果。因此，我在二〇〇三年十一月合法地改回婚前的姓名芭芭拉．亞歷山大（Barbara Alexander），同時也申請了一張新的社會安全卡。

至於個人履歷，雖然得做假，我還是希望盡可能清楚表達自己真正具備的技能，我堅信這對我要去工作的公司會有幫助。我是一名作家，發表過幾篇文章和大約十二本非小說類書籍（包含合著）。「寫作」在企業界，大致可以詮譯為公關或「傳播」。許多傳播學院也教授公關課程，這還算合理，雖然公關在新聞從業人員的眼中被視為邪惡的化身。新聞工作者追求真相，而公關人員則被雇來遮掩事實，甚至塑造假象。倘若你的雇主是一家製藥公司，聲稱研發的新藥可治療癌症及性功能障礙，你的工作將是推銷，而不是調查這些聲明上的來源根據是否確實。

這點我做得到，反正也只是暫時性的，我甚至還做過許多公關人員的例行工作：我寫過新聞稿，提供給編輯和記者、準備過新聞檔案，以及協助安排記者會。身為作家，我也曾和出版社的公關人員密切合作，總覺得他們很有才智，而且各方面都和我很合得來。

多年來我也活躍於各種活動，這種經歷對願意雇用我的公司也算是有價值的。我籌畫過會議也當過主席、在許多不同的團體服務過，且經常都擔任領導者、無論是冗長的演說或是座談會簡報，我在大庭廣眾下都能侃侃而談——這些都可算是「領導」技能，對任何公司都應該是寶貴的資產。至少，我可以說自己是一名「活動企畫」，有能力把大型集會分成座談會和分組討論，安排媒體報導，以及規畫後續活動。

即使只是粗略的草稿，準備這份履歷也花了我好幾天的時間。我得先安排好願意為我圓謊的人，一旦他們接到潛在雇主的電話時，可以證實我的優異表現。很幸運地，我有一些樂意幫忙的朋友，有些人還在知名的公司上班。雖然我確實不敢聲稱曾在這些公司任職，因為只要一通電話打到人事部門，謊言立刻就會被拆穿，但我覺得可以安心地假裝自己多年來曾為他們「提供諮詢」。就當作我替芭芭拉．亞歷山大準備一份公關資歷的範本好了，裡面點綴一些小型的活動企畫，而打造這份新履歷所需的掩飾功夫，更可為我日後擔任公關人員可能遇到的道德挑戰，預先做好心理準備。

然而，我並沒有裝腔作勢地美化這個新身分。我不是演員，而且就算想裝也裝不出來。「芭芭拉．亞歷山大」只是芭芭拉．艾倫瑞克的掩護而已；她的舉止不論好壞，就是我自己。事實上，從比較實際的角度來看，我只不過是把職業從「自由業／作家」改成「失業」——一般人可能看不出其中的差別。多數時間我還是會繼續在家用電腦查資料及寫文章，只不過現在是在研究及聯絡可能雇用我的公司。新名字和假履歷只是一張門票，讓我得以躋身美國白領失業人口的行列，追尋一份薪資尚可的工作。

這項計畫需要稍稍組織一下，由於即將步入未知的領域，我需要為自己建構一些行事方針。我的第一項規則是，盡我所能地找到工作，也就是說，對於任何形式的協助都要保持開放的態度，像是利用任何可為求職者提供指引的書籍、網站和行業。只要是該做的，我都會努力按表操課。我不太清楚什麼樣的努力是求職成功的必要條件，只知道我得盡可能謙卑勤奮、竭盡所能。

第二，我要做好因工作或面談而四處奔波的準備，並告知潛在雇主我能接受任何工作地點。計畫期間，我住在維吉尼亞州的夏洛特斯維爾市（Charlottesville），但我已準備好要到全美任何地方工作，只要真的找到，便會在當地住上好幾個月。我也不挑行業——不管是單調或有違道德的都行，但我有可能被認出來的除外。我的第三項規則是，我要接受符合我對薪水和福利要求的第一份工作，不論那是什麼。

我知道這項計畫得投入相當多的時間與金錢，為此我準備用十個月的時間和五千美元，支應求職過程中可能產生的旅費及其他花費。[8]我期望一旦找到工作，就能連本帶利回收，或許還能多賺一點。至於找工作所需的時間，五個月是二〇〇四年失業人口平均的失業時間[9]，我預估大約要花上四到六個月的時間，然後再花三到四個月工作。我會有充裕的時間品嚐失業白領的生活，也可以對他們想再回去的企業界進行探索。

從一開始，我就想像著一幅「企業界」的抽象畫，就像山丘上的一座城堡——層層防護，關卡重重，玻璃圍牆在高處閃爍著誘人的光芒。我知道單單要來到門口就是一段漫長艱辛的攀爬，但遙遠巍峨之地我也曾去過——例如大學和研究所。我有耐心也很狡黠，有毅力也有決心，而且我也相信自己做得到。

事實上，照我的盤算，這項計畫似乎沒有我想要的挑戰性。作為一名臥底的記者，我當然與白領職場中的恐怖現實絕緣，因為我還擁有收入與自尊。和我一起求職的人，則大多是被裁員或被開除，而非自願落到這種境地。對他們而言，失業即是墜入痛苦的深淵。他們的收入崩盤，只剩失業保險救濟金，自信也跌落谷底。關於失業所造成的心理傷害已有廣泛的報導——容易突然沮喪、離婚、濫用藥物，甚至自殺[10]，不過這樣的不幸不會發生在我這名臥底求職者以及日後的上班族身上。我不會突然一貧如洗，也不會受到真正被拒絕的傷害。

我也預期這項計畫不如我在《我在底層的生活》經歷的工作那麼苛刻，就體力上來說，實在很容易——不用刷洗，不用提重物，不用連續幾小時東奔西跑。至於行為舉止，我想像自己可以不用像低薪的藍領勞工那樣，隨時隨地都要卑躬屈膝與順從，我可以自由地做我自己，並表達自己的意見。結果，我大錯特錯。

---

8 從二〇〇三年十二月到二〇〇四年十月，除了七月份的大部分時間，我有一份短期的真實世界工作：為《紐約時報雜誌》寫雙週專欄。

9 約翰．利蘭（John Leland），〈失業者等待新職時間增長〉，（*For Unemployed, Wait for New Work Grows Longer*），《紐約時報》，二〇〇五年一月九日。

10 參見凱瑟琳．紐曼（Katherine S. Newman）的《失卻天恩》（*Falling from Grace: Downward Mobility in the Age of Affluence*），或是可讀性很高的第一人稱紀錄：麥爾（G.J. Meyer）所著的《主管心憂憂》（*Executive Blues*）。

Chapter 1

Finding a Coach in the Land of Oz

綠野尋師蹤

從哪裡開始呢？十二月某個陰沉沉的下午，我在電腦前展開求職世界的首次出擊，這個經驗無疑是令人畏怯的。這些日子以來，我快速瀏覽相關網站，已經有了一些心得：你不能只閱讀徵人廣告、寄履歷，然後就被動地等著電話通知。求職即便不算是一門科學，也已成為一種科技，複雜到沒有任何求職者可以期望只憑隻身一人就闖關成功。網路上提供了五花八門的網站，讓你可以套入履歷，期望潛在的雇主能夠注意到。另外，你也可以利用網路直接應徵上千家公司。但你的履歷夠亮眼嗎？或者，去參加無數較容易達到人際接觸的「關係網絡活動」，嘗試面對面交流，會不會比較好？

很幸運地，大約有一萬名所謂的「職涯教練」（career coach）熱切地想要協助我。根據求職輔導網站的說法，職涯教練可幫助你覺察真正的職業「熱情」，改裝你的履歷，並且扶持你走過艱辛的求職之路。這些教練的人數每三年就增加一倍，他們是從九〇年代中期才開始成長的「過渡產業」的核心，這或許是因應白領階級失業狀況的必然現象吧！[1] 跟藍領不一樣，失業白領比較有本錢投資在求職上；此外，職場上的重挫往往使他們孤單又沮喪——換言之，這對任何能提供成功、恢復自尊的服務業來說，都是個完美的市場。有些教練受過正式訓練，像是「職涯輔導學院」的十五週課程班；有的教練則完全是自吹自擂。你不需任何證明即可自稱教練，也沒有任何管理機構在旁監管——也就是說，對求職者而言，一切全憑運氣了。[2]

我在網路上找到摩頓，他登記的身分是本地的職涯教練，然而我很快就知道，多數教練都是以電話聯絡，所以根本沒必要找鄰近地區的人。直覺告訴我摩頓有過切身的經歷，他給我的背景資料顯示他曾做過與國防相關的高階工作，其中包括有點過時的「高級情報分析師暨分處主任，負責分析蘇聯軍事研究」。他曾在卡內基美隆大學（Carnegie Mellon University）開過研討會，且常在同濟會（Kiwanis）與扶輪社（Rotary）演講。他一定能夠指導我轉型，使我成為理想中具市場性的中階專業工作者。此外，他向我保證，我們的首次輔導體驗不必付費。

在夏洛特斯維爾市巴瑞克路商場的星巴克裡，我很快就認出他了；照約定，他戴著JMU的棒球帽，這個約定暗號促使我穿著發縐的灰色休閒褲和運動鞋赴約，上半身則好一點——黑色套頭毛衣、花呢休閒外套、珍珠耳環，我希望這樣能稱得上是「休閒穿著」。我平日到商場的慣常路線因施工封鎖，所以遲到了五分鐘，心慌之下，在握手時有些結巴地說出我的新名字，不過他似乎沒注意到。事實上，他好像不怎麼注意這些自我介紹，也或許他已經對我感到失望了。

我們交換了聖誕節前在商場停車的感想之後，我把我的狀況告訴他：我從事公關與活動策畫，但一直都是自由工作者，現在想找一份穩定的企業工作，有固定福利，工作地點不拘。要怎麼介紹自己？從哪裡開始？我拿出週末完成的履歷，滑過桌面遞給他。我設想在

---

1 參見丹尼爾．爾德曼（Daniel C. Feldman）所著的〈職涯輔導：人力資源專業人員須知〉（*Career Coaching: What HR Professionals Need to Know*），《人力資源策畫》（*Human Resources Planning*），第二十四卷第二期（二〇〇一），頁二十六。職涯輔導學院和職涯輔導研究院（Career Coach Institute）的代表向我保證，即使經濟提升，對於職涯輔導產業也不會造成威脅，因為經常雇用相同教練來提升主管人員和個別員工的公司，在看到「麻煩徵兆」時，也常常會向他們求助。有些教練以個人身分從業；有些則隸屬於收費提供求職者辦公空間與設備的公司。

2 參見史崔佛．薛曼（Stratford Sherman）和艾莉莎．芙瑞思（Alyssa Freas）合寫的〈主管輔導的蠻荒西部歷險記〉（*The Wild West of Executive Coaching*），《哈佛商業評論》（*Harvard Business Review*），二〇〇四年十一月。雖然本文主要討論的對象是主管輔導，而不是職涯輔導，但許多人卻兩者都做，而且缺乏認證和管理的情形，同樣也適用於一般的職涯輔導上。

最壞的情況下，他會拿起履歷，盤問我履歷上的問題，而他抓著表格的樣子，讓我偶爾瞄到他時，腦中一片空白，不復記憶。但對於這疊裝訂好的紙張，他的熱情恐怕只比面對一隻飛越桌面、朝他手臂而來的蒼蠅，多了一點點罷了。也許光看到這份缺乏整齊格式與字體變化的文件（就我現在了解的程度來看），他不用讀就知道，那根本不值得一位認真的教練的注意。

他從公事包裡拿出一樣東西——一張美式信紙尺寸的透明投影片，下面很細心地墊了一張白紙，使我可以讀出上面的字：「核心能力與技能」。照他的說法這代表「四能」：「動員創新」、「人事管理」、「溝通」，以及「自我管理」。這會是我必備的入門簡介，說明塑造企業精神的簡潔、條理概念。我飛快地抄筆記，但他向我保證會留一份影本給我，要我放鬆心情專注在內容上。

下一張投影片有一幅輕駕馬車選手及賽馬的圖片，還有文字說明：

心智清晰，熟練的賽馬選手。
健全的精神，強壯的賽馬。
強壯的身體，堅固的馬車。
心智、身體、精神合而為一……

勝利之路皓皓在望。

這語法有點讓人困擾，尤其都是片段式的詞語，給人一種外國人說英語的感覺。但就像書店的商業書區所呈現的，假如現代主管能夠從佛教或成吉思汗推導出管理原則，他們當然也可以想像自己是馬車比賽的選手。摩頓告訴我，賽馬、選手和馬車分別象徵頭腦、心與膽，但我忘了哪個是哪個了。這可比我預期的難多了，四能已經逐漸從我腦海中溢散，動員創新應該很明顯地象徵頭腦吧（還是膽？）。

輪到下一張投影片，情況開始變得很可笑。它的標題是「三大智能中心」，上面還畫了《綠野仙蹤》（*The Wizard of Oz*）裡的人物：代表「心智」的稻草人、代表「感情」的錫人，還有代表「直覺」的獅子。摩頓解釋說，當他上「靈性與商業」這門課時，都用布偶當道具。這是他太太的主意，她說：「你一定要用布偶！」然後你知道後來怎麼樣嗎？她替他找來那些布偶。我假裝對《綠野仙蹤》不太熟，於是摩頓離題扯到錫人的故事背景，試著回憶他的硬「殼」是怎麼來的。我很慶幸他沒有把布偶帶來，因為星巴克現在的人潮愈來愈多，我不想讓人以為我正在接受某種獨特的布偶治療法。

但當我還在努力把錫人和感情及其他東西連結起來時，我們已經從《綠野仙蹤》轉移到九型人格學（Enneagram）上了，投影片上寫著定義：

• 性格類別的描述
• 源自內在驅動的古老智慧
• 容易學習與應用的圖表
• 提供邁向平衡的線索

投影片上的圖片是幾個互相連結的三角形被一個圓形圈住。我感到一陣昏眩，但不是因為早餐補充的血糖已經消耗完，而是我想不出任何問題，來弄清楚我面前這愈來愈複雜的概念。九型人格學以某種方式導出了「九型人格」，同時也代表「九種基本欲望或熱情」。摩頓可能感覺到我的困惑，他告訴我，在他的課程中，要花相當久的時間才能理解九型人格學。「這多少有點像在倒資料（data dump）。」

我皺眉然後又點點頭。在這家咖啡店裡，金錢與鬆餅在主客兩方同意下交換，商業世界仍舊以規律而無意識的、忙碌和理性的方式持續運行著。我第一次發現，原來企業的穩定營運不見得是理所當然的事，尤其在你聽到運作的基礎原則源自《綠野仙蹤》奧茲國（Oz）的時候。

當九型人格學的高等數學終於退場，投影片又回到熟悉的《綠野仙蹤》時，我大大地鬆了一口氣。現在看到的是一系列標示著「感情主導型」、「心智主導型」和「直覺主導型」

的格子。在每一格的左邊有五個項目，最有意思的一項是「變相的熱情」，摩頓描述這是一種「劣質的熱情」，你必須認清它並加以克服。例如，獅子有一種「我要體驗並控制全世界」的生之欲求，而稻草人則可能背負著「我不願別人知我所知，以免被人視為無能」的貪婪。我打岔問他為什麼「不願別人知我所知」叫做貪婪，他平靜地回答：「因為那是將某件事物據為己有。」接著我又注意到變相的熱情中有一項「貪食」，指的是「我有再多經歷也不夠」的意念。在桃樂絲的奧茲國之旅與九型人格學的「古老知識」之間，摩頓或九型人格學的創始人已編造出人的七宗罪。

最後的結論是，我必須做一份測驗，也就是華格納九型人格性向類型量表（Wagner Enneagram Personality Style Scales，簡稱WEPSS），這會顯示我的人格類型，告訴我應該找什麼樣的工作。我早就告訴摩頓我要找的是哪種工作，但顯然我的話和他咬文嚼字的抽象哲學是兩種不同的語言。我得在家把測驗完成，寄給他，然後再見面討論他對我人格的評估。這套服務要價六十美元。

為了尋找能夠幫助我駕馭求職技巧的教練，我仍持續進行搜尋工作。我到教練聯合網站（CoachLink）上登錄，收到三封提供輔導服務的電子郵件和一通電話。我決定找打電話來的金伯莉，因為她的行為展現出積極主動，她在網站上的簡介寫的是「職涯與新職顧問、教

練和作家」。我們同意每月以四百美元費用，進行每週半小時的電話諮詢，等於鐘點費兩百美元。首次諮商要交出的「功課」，就是要我「想像」自己心目中的理想工作。擁有這份理想工作，我的生活會是什麼樣子？

這作業還不算差。每個人都應該找時間做做烏托邦式的幻想，還有什麼時候比你無所事事時更適合呢？所以我幻想在一間位處林木之間的中小型公司工作，從辦公室可以眺望山谷和起伏的山丘。每日上午和下午都有咖啡餐車巡迴，公司附設一間健身房，鼓勵我們每天至少運動一次，自助餐廳則供應價格合宜的新式料理。然而，這些全都不在我寫下的想像中，我寫的主要是「小組」裡的濃厚同事情誼，與讓我能文思泉湧的獨處辦公室，這兩者要能獲得平衡。當然，我的辦公室一定要有門，不接受隔板。在想像中，我是小組的主管，行使一種互動的、「授權」的領導模式。我將完全沉迷於工作中，管它是什麼工作，且經常忙到深夜。

我們的第一次電話諮商開始，金伯莉表示，她對我的履歷感到「興奮」、對我的幻想感到「興奮」，也對我們的合作大致感到「興奮」。這份想像的功課我得了高分：「你很清楚自己想要的是什麼！很多客戶過了好幾個月都還達不到這個階段呢！我覺得你會學得很快。」這種興奮的程度已經開始讓我吃不消了。氣惱之下，我想像她頂著淡金色短髮，穿著節慶主題的毛衣，從草坪上滿是麋鹿或精靈的農舍向外觀望。

她自認：「我經歷過一些品牌建立的過程，而我個人的品牌特色是樂觀、富同理心，而且具獨創性。」所以我也要以同樣的方式來看自己——以「品牌」，或至少是以某種產品來看待自己。

「你之前的公關工作都做些什麼？」

我的心跳了一下，不確定這是否是在試探我的真實身分，結果這是她的慣常談話模式——提出一個揶揄的問題，接著再給你一個絢麗而有見解的答案：「你**推銷**東西，現在你要開始推銷自己了！」

我低頭看著我的運動褲和一雙赤腳，這些金伯莉當然都看不到，我喃喃地說著缺乏自信啦、求職市場競爭激烈啦，以及年紀這個明顯的污點。這最後的缺點引發了強烈的建議：「你要很小心那些批評自己的負面字眼。你得成為那個掌控自己的你！」

接下來就進入了理論部分。她要我想想兩個重疊的圓圈，一個圓圈是我，另一個圓圈是「職場」，重疊的部分則是「你的理想職位」。「你所需要的是自信，」金伯莉說：「你要把玻璃杯看成半滿，而不是半空。」她一邊說我一邊畫這重疊的圓圈，然後再重畫一次，使它們幾乎完全重疊，彷彿這麼做就能大大擴展我就業的希望。

我們的半小時諮商終於接近尾聲，我鬆了一口氣。她認為我還需要三個月的輔導，也就是說她還需要一千兩百美元。她說我會很辛苦，因為她使用的是「互動輔導」，是「非常需要協力合作的」。她說：「我要你把我設計成你的最佳教練。」她可能忘了她不只已被設計完成，同時還被定好「品牌」了。假如我要「設計」她，我會替她注射大量的血清胺拮抗劑（serotonin antagonist）來緩和她的熱情活躍，或許到了適當的時機，我會婉轉地建議她冷卻下來。這堂課使我精疲力竭，而她最興奮的「我們要一起共舞！」是她最後的承諾。

我感覺和摩頓之間仍有舊事未了。我至少應該做一下測驗，讓他賺那六十元，或許還可以補救上回耗在他身上的時間。九型人格測驗上有兩百個問題，每個問題以一個詞語或一句話的形式，讓我照自己的情況從A到E評等排名，例如：**枯燥**、**享樂**、**有能力**、**和事佬**，以及**復仇心重**等等。我坐在餐桌前，原想在十分鐘內快快結束測驗，結果這並沒有想像中那麼簡單。我**特別**嗎？從誰的觀點來看？那麼**看起來不錯**呢？這當然要視你在這計畫上下了多少努力而定。或者**差別為何**——這句話怎麼能描述任何一個人？大多數的詞語都是形容詞，例如**批判的**；但也有不少名詞，例如**幻想**；甚至還夾雜著動詞，例如**抗爭**。我能夠描述自己是幾乎沒有、偶爾、或總是**抗爭**嗎？我是有時、從未、或總是**動不動就說「哇」**或**「沒什麼大不了」**？

即便語法沒有冒犯到身為作家的我（或者，現在應該說身為「溝通專家」的我）[3]，我也不確定要如何回答這些問題。例如**和諧的**？有時候吧，但這也要視與何人何事和諧而定。

避免衝突？盡可能做到，但有時我會自找衝突，而且還滿喜歡的，再沒有比拍桌痛辯更痛快的事了。那麼**有活力的**或**快樂的**呢？我發現，我不是那種會說自己「不是那種……的人」的人。

光是人格這個概念（也就是我們此處試圖想了解的），對我來說，能夠派上用場的情況似乎很有限，很可能對其他人而言也是如此。**自我**則是另一個模稜兩可的概念，因為當我謹慎檢視「我」時，我的喜好、習性、記憶和偏好並沒有幾項能明確歸類，例如貧困無依或獨立自主，勇敢或怯懦。我決定，最佳策略就是克服**猶豫**、**憂慮**與**不知變通**，用看來正確或最讓人讚賞的答案來回答。我在**遵守紀律**、**高度理想化**、**獨立自主**和**謹守原則**等欄勾了「幾乎總是」，而嚴正摒除**懶惰**、**煩人**、**拖延**和**懶散**。

一週後，在摩頓有時間為我的人格「評分」後，我們在他家碰面看結果。那是一間樸素的平房，位於一個我沒去過的住宅區內，我看出那裡的布置風格屬於中產階級的天主教徒，大約是一九七〇年蓋的房子：十九世紀的田園風景照片、兒童搖椅上放著一隻泰迪熊、一尊

---

3 企業界無法正確使用語言的情況，已是現今公認的問題，有些公司還付費讓他們的主管上寫作課程。參看山姆．狄倫（Sam Dillon）的〈美國企業無法建立的事：一個句子〉（*What Corporate America Cannot Build: A Sentence*），《紐約時報》，二〇〇四年十二月七日。

聖母像俯視著衣櫃。換句話說，平凡無比——至少在我們走到餐桌前是如此。餐桌上放著三個約三十公分高的娃娃——稻草人、錫人、獅子，還有（這是什麼電影啊？）一個塑膠的貓王玩偶。

我決定一見面就先批評這份測驗，因為如果我在測驗結果出來後才批評，他可能會認為我是藉此轉移他分析裡對我的任何評斷。我問他，我怎麼能說**行銷**（那是測驗用語之一）是否適用於我？這是個名詞，看在老天的份上，雖然我或許「擅於行銷」，但即使想像力再怎麼豐富，我可不是「行銷」。我告訴他，這種草率的做法是不可原諒的，然而我發現這麼說之後，可能無意間就洩露了我嚴厲、無情的人格。

摩頓絲毫不為所困，他拿起了貓王玩偶，玩偶的雙腳從箱子裡垂直彈出，活像可怕的殭屍。他告訴我，他藉這個玩偶指出：「這玩偶和真的貓王之間有著相似之處，就如你和你的人格類型也有相似之處一樣。」我想提出抗議，說這個玩偶確實還滿像貓王本人不幸變胖前的年輕模樣，至少任何人都可看出這不是一個芭芭拉玩偶，但那會錯失我想提出的更重要的問題：假如這份測驗沒有意義，那麼我在這裡做什麼？而且這和我找工作到底有何關係？何況他現在把貓王放到旁邊的茶几上，只剩下我們和這些《綠野仙蹤》的登場人物了。

我們繼續進行測驗結果分析，結論是我的分數「幾乎可適用於所有的人格類型」。我在原創性和實際應用上得到最高分，如果在人格分析表標上曲線，我的對應線連結到「良好」

與「慈愛」。他撫摸著相對應的玩偶說，這代表我是錫人再加上一點點獅子。接著，他從旁邊的檔案夾拿出令人困惑的投影片。我決定這一次要追根究柢問個清楚，但當他晃動印著重疊的幾何圖案、標示「九型人格學象徵」的投影片時，我只能說出：「這個圓圈在這是幹嘛的？」他向我解釋，這用來使「圖案協調」（意思是，他只是單純喜歡這圖案的外觀而已嗎？），同時也可顯示「我們講的是一個全人」。我已經心灰意冷了，又問他，那麼那個大三角形呢？「這些是智慧的三大中心。」

結果，我的這些「原創」、「應用」、「良好」與「慈愛」等特點都不是重點，重點是要去了解我「非智謀」的一面，這似乎是我壞的一面，也是我需要改進的缺點。摩頓說，有些人會對著餐廳窗外焦黃蕭瑟的草坪講話，拒聽缺點分析，甚至有一位老師在聽完她的缺點後就哭了起來。以我的情形來說，非智謀的一面包括過度敏感、易感憂鬱和嫉妒，更別提當我在畫從「慈愛」到「應用」的對角線時所顯現的不良特點了。實際一點來說，這所導出的結論就是，以我高度情緒化和藝術性的人格來看（那又是從何得來的？），我可能「不是很擅長寫作」。依我的情況，「建議課程」會是「密集日記寫作班」，以改善我的寫作技巧。

除了咕噥著道謝，實在沒什麼事可做了，我趕緊簽了支票，然後離開。我想起我的父親，他的人格特點包括性急無禮、憤世嫉俗、愛唱高調、惹人討厭、充滿魅力、仁慈善良以及爛醉如泥，但他還是能夠從布特市（Butte）的銅礦區崛起，爬到企業尖端，最後成為一家國際公司的研究副總裁。他曾做過人格分析測驗，或是受過高階主管訓練嗎？還是五〇、六〇年代的趨勢不同，比較強調你的實際**能力**？對於摩頓、玩偶以及九型人格學的古老智慧，他會作何感想呢？在開車回家的路上，他大笑的低沉嗓音一路縈繞在我的腦海裡。

摩頓確實提供了一點有用的消息：假如我需要履歷方面的幫助，可以去找瓊安，他會傳她的電子郵件信箱給我。結果瓊安和金伯莉的收費一樣，她和我在離家僅十分鐘的一家咖啡館見面。這不是一個很理想的地點，因為我去過那家咖啡館，有可能會遇到認識我的人。我預期的瓊安是一位穿著完美的南方女士，而不是這位跟我打招呼的女性——凌亂、毫無打扮、五十多歲的女人。她告訴我，她曾在非營利機構做過「開發」的工作，但已經換到高階主管訓練的職位（她沒提換工作的原因），而且才剛從「百事可樂公司的一場策略計畫會議」過來。我立刻就認同她了，她不是金伯莉那型人，她不具侵略性，而且實事求是。雖然我不確定她們的工作專業是否有重疊之處，但我決定最好還是不要跟瓊安提到金伯莉，或是跟金伯莉提到瓊安。

目前為止，瓊安是三個教練中第一個讓我真正覺得有希望的人。在我嘗試的第一份薄弱履歷中，她看到**講稿撰寫**這個埋在段落裡的字眼，告訴我要把它提升為一項可推銷的技能，然後我才了解，對，這正是我真正可以做的工作。我蔑視摩頓和金伯莉的心理學術語，直到現在，我還是一直深感焦慮，擔心我可能真的一無是處，在這個金錢營利的廣大世界中一無所長。畢竟，我的公關和活動策畫經驗都是來自非營利業界裡比較悠閒自在的一端，而且可能無法全然應用在企業環境。但講稿撰寫就是講稿撰寫，從開場的笑話或趣聞，到列舉事實、規勸激勵的結語等，我已經做十幾年了。他們不用知道的是，所有我寫過的演說講稿都是由我本人發表的。

瓊安還給我其他有用的忠告：拿掉履歷中的「我」和「我的」（如「我的責任包括……」），我也開始了解到，這樣會產生一種古怪、空洞的語調，好像某個隱形的「他人」在過著我的生活。她也建議我，把做過的每一件事拆成好幾個小項目，舉例來說，如此一來我就不只是「策畫」活動，而是「開董事會議以建立目標」，並繼續進行該工作的其他階段，以「推動活動後續的評估」。我能怎麼說呢？這確實把空白都填滿了。接著她提出了最獨創的提示：上網到職業協會網站找到我所想像的職業，抓出那份職業的熱門行話或術語。假設她不知道我完全是在做假（我覺得她也沒理由懷疑我是），那麼她實在是太清楚該怎麼做了。這可能也就是撰寫履歷的重點所在。

當然，我並未把全部希望都寄託在教練身上。首先，我已經為我的新身分注入了血肉：為芭芭拉·亞歷山大開了一個活期存款帳戶、為她辦了一張信用卡、在金考影印中心（Kinko's）為她做好了名片。當然，她已經擁有了一個電子郵件信箱。至於服裝，她就得和我一起共用，而此時我仍毫無頭緒，不知我在大學校園講課所穿的服裝是否能夠通過企業界的檢閱。我把電話答錄問候語裡的艾倫瑞克從家裡電話和手機中刪掉；我買了新的眼鏡框，顏色特別深的那種，只因要與我原先普通暗淡的那種鏡架不同。我開始逛當地邦諾書店（Barnes & Noble）的商業叢書區。

此外，我從金伯莉那裡也學到了「先發制人」（proactive）及「主動」的必要。我的履歷還在大興土木的階段，暫時還不敢刊登到像怪物人力網（Monster）和熱門工作網（HotJobs）這樣的大型求職網站，但網路世界裡還有數不清的事情可做。我到活動策畫者職業協會的網站，看看有沒有活動策畫的專門術語可偷來填滿我的履歷。除了活動策畫，我還大幅擴展到「現場管理」和「評估投資利潤」等領域。

為了尋求指點（如果能找到同伴更好），我在Google搜尋了所有與**失業**、**白領階級**、**職業**及**工作**有關的關鍵字組合。我發現，這些詞彙並不是最佳選擇。首先，無業白領人士並非「失業」；他們是「身處過渡階段」或可能正「致力於求職」上。只有底層階級——藍領與女性工作者，才會真正承認「失業」。其次，除非精心修飾過，避免鍵入工作（job）這個字，否則將會找出無數以手（hand job，手淫）或吹（blow job，口交）開頭的網站。

花在網路上的時間讓我有種陰濕和幽閉恐怖的感覺。在來回瀏覽了數個網站後，我忘了最初的目的，而且在充滿忠告、支持團體、網路活動、適合不同薪級的就業輔導網頁間迷失了。我花了一百五十美元加入一個名為「主管網路」（ExecuNet）的網站，並且決定那就是我的身分——一位主管。我輸入**主管**這個關鍵字，又再次開始搜尋網路，找出更多的支持團體、網路活動等。就求職而言，這算不算全然浪費時間？我感覺像是拿著一把麵包刀，而非開山刀，試圖在濃密的林間灌木叢砍出一條路來一樣。

我和瓊安透過電話進行第二次輔導時，芭芭拉．亞歷山大開始贏得我的尊敬。剛開始我把她想成是一個不需要為錢工作的家庭主婦，公關和活動策畫只當成興趣涉獵一下，有點像是她忙碌社交生活的擴展而已。她的丈夫一定相當有錢，而且我懷疑她的客戶大多來自他的社交管道。離婚使她必須面對經濟壓力，對開展事業她毫無準備。但現在瓊安問我，與其他公關和活動策畫人員的工作相較，我的工作有何獨特之處？我思索著答案，然後回答：「我對任何我在進行的話題或主題都有徹底的研究……我的目標是要完全精通工作領域內的主要議題與趨勢，直到我能夠參與實質的決策，例如選擇一位專題演講人。」

「**精通！**」瓊安以一種罕見的熱情大聲驚呼：「我喜歡這個字眼！我們要把它用在履歷或求職信上。」所以芭芭拉．亞歷山大一點都不是個沒大腦的人，而是活動籌備領域的傑出知識份子。

同時，我還有金伯莉出的功課。首先我得填好她夾在「客戶發掘檔案資料」裡的問卷，其中有個問題是列出五個形容詞來形容自己的優勢，以及用五個形容詞來形容劣勢。在優勢方面，我選擇**精力充沛的**、**專心的**、**聰明的**、**有同情心的**，和**具創造力的**；至於劣勢，我選擇**急切的**、**強迫性的**、**雜亂無章的**、**不專心的**，和**沮喪的**——大多時候這些都是真的，除了只是用來填埔空白的**不專心的**。

我的三大恐懼是什麼？我提到「太老怕找不到工作」和「可能會貧窮老死」，但實在想不出第三個。唯一讓我遲疑的問題是：「列出五件你在目前的生活中容忍的事（例如：雜亂無章的辦公室、缺乏互重的人際關係、溝通不良等）。」對了，就是這個：雜亂無章的辦公室。層層堆疊的紙張一波波在我周圍像海浪般起起伏伏；地板兼作檔案儲存區；空杯、未繳的帳單、待回的信件、該審閱的文稿，通通擠在桌上。如果要談談「變相的熱情」，摩頓就會這麼說，從我家中的辦公室看來，我的管理才能和一名十二歲的男生實在相差無幾。金伯莉在我們初次會談時承諾過，從我們互動的過程中，我不僅會找到一份工作，還會以「全新的觀點看待自己」。幸運的話，這個新觀點將不會這麼凌亂。

金伯莉給我的另一項功課是再做一份MBTI（Myers-Briggs Type Indicator）性格測驗，比起九型人格，這測驗巧妙多了。我不僅要選擇適合我的特質，還要回答一些有點間接的問題，如「你通常和（A）有想像力的人，或（B）實際的人，比較處得來？」同樣地，唯一明智的辦法就是隨便選選。我通常都自由表達我的感情，還是將感情內斂地隱藏？嗯，這要視這些感情在社會上被接受的程度而定。假如那是一種想要對眼前某人做嚴重人身傷害的欲望——嗯，不可以。當我要去某地一日遊時，我會預先計畫做什麼事、什麼時候去，還是「說走就走」？同樣地，去法院出庭和去一趟商場，多少都有點不同。我以瘋狂的決心快速趕完測驗，就像隻猴子被交付了一台打字機，規定要打出莎士比亞全集，希望能出現某篇還算有條理的作品。

職涯教練使用毫無根據的性格測驗來提高輔導過程的科學可信度，或許是情有可原的。但這些測驗不只在教練間，也在企業決策者間享有廣泛的可信度。一九九三年，有三百萬美國人做過MBTI類型指標測驗；《財富》雜誌（*Fortune*）百大企業中有八十九家使用該測驗，幫助他們安插白領員工到合適的職位階級。[4]九型人格學院（Enneagram Institute）在網站列出據稱使用九型人格分析測驗來挑選員工的公司，包括：阿莫科石油（Amoco）、美國電報電話公司（AT&T）、雅芳（Avon）、波音（Boeing）、杜邦（DuPont）、eBay全球拍賣網站、通用磨坊（General Mills）、通用汽車（General Motors）、義大利航空（Alitalia Airlines）、荷蘭航空（KLM Airlines）、惠普科技（Hewlett-Packard）、豐

---

4 安妮．保羅，《性格崇拜》（*The Cult of Personality: How Personality Tests Are Leading Us to Miseducate Our Children, Mismanage Our Companies, and Misunderstand Ourselves*），頁一一五。

田汽車（Toyota）、寶僑（Procter & Gamble）、國際體重監測者（International Weight Watchers）、銳跑健康俱樂部（Reebok Health Clubs）、摩托羅拉（Motorola）、保德信保險（Prudential Insurance），以及新力（Sony）。亞馬遜網站（Amazon）提供了許多有關九型人格的書籍，沒有一本具有明顯的重要性，包括《愛情與事業的九型人格分析》（*The Enneagram in Love and Work*）、《九型人格的靈性層面》（*The Spiritual Dimension of the Enneagram*）、《經理人的九型人格》（*The Enneagram for Managers*）。

的確，我是在一種如《綠野仙蹤》般特別古怪的情形下，接觸到九型人格分析，但我所做的測驗卻是貨真價實的。網路搜尋的結果顯示，根據各種說法，九型人格分析源自伊斯蘭蘇非主義（Sufism）、佛教、耶穌會哲學（Jesuit philosophy），以及凱爾特族（Celtic）的傳說，再加上充分的命理學根基。二十世紀初期的俄國神祕主義者葛吉夫（G.I. Gurdjieff）似乎是靈感之源，但九型人格理論的實際發展通常都要歸功於兩個人——玻利維亞籍的神祕主義者奧斯卡・伊察索（Oscar Ichazo），和心理學家克拉迪奧・納蘭霍（Claudio Naranjo），他在一九六〇年代因將迷幻藥（Hallucinogenic drugs）用於心理治療而聞名。無論九型人格測驗意圖表達的「古老知識」是什麼，都不過是渺小的新世紀雜燴，渴望在人類經驗的失序下，尋得一點神祕的和諧而已。

根據安妮・保羅（Annie Murphy Paul）二〇〇四年出版的《性格崇拜》（*The Cult of*

Personality）所言，即使像在眾多測驗中看起來比較合理的MBTI類型指標測驗，仍然沒有一點科學可信度可言。MBTI類型指標測驗始於一九四〇年代初期，由一名對心理學不甚了解的外行人所創（事實上是一名家庭主婦）。凱薩琳．布里格斯（Katharine Briggs）發現女婿實事求是、注重細節的性格，和她自己平常仰賴直覺的行事作風大不相同，對性格差異深感著迷。她受到分析心理學家卡爾．榮格（Carl Jung）的「類型」概念所啟發（概念中的「類型」絕非天生，並且是可能改變的），設計了一項測驗，把人性歸納成十六種獨特的類型，所幸全部都是好的類型。（在布里格斯的世界裡，沒有那種有一天可能拿著全自動武器出現在公司的心理變態者。）這項測驗從未贏得專業心理學界的尊崇，她始終為此感到挫折，但這不只因為她缺乏心理學學術背景，而是專業的心理學家從不相信人類可以隨便被歸類成不同「類型」。

撇開「類型」的正當性不談，即使是以MBTI類型指標的術語來說，它也沒有任何預測價值。由MBTI類型指標的支持者所做的一項研究顯示：受測人士中只有四七%的人，第二次受測結果落在同樣類型。另外一項研究顯示：在數週或數年後再測，受測人士中有三九%至七六%的人變成不同的「類型」。有些人的「類型」隨時間不同也有所變化。保羅歸納出一項結論：「沒有證據顯示，（布里格斯的）十六種類型比十二星座更具可信度。」[5]

在我們看來，企業界很注重像「利潤」這種實徵性的、可度量的成就評量，但為什麼他們卻如此喜愛這些無意義的人格測驗呢？其中一個具吸引力的理由必然是這些測驗在職務分配上提供了表面合理性。畢竟，沒有人願意雇用一名殘酷冷血的人事主任，或是一名憂鬱害羞的公關人員；況且，如果你工作表現不佳，被告知這只不過是不「符合」你的內在天性而已，或許你會被撫慰。正如保羅所寫的：

「施行人格測驗常被視為企業善意的表現，對員工獨特性的一種寬容大度。打著這種尊重個人特質的旗幟，企業便可把員工滿意度的責任推到『契合度』這隻代罪羔羊身上。沒有不好的員工，也沒有不好的公司，唯一不好的是這兩者無法完美契合。」[6]

當然，如果測驗的作用真是一種意識形態，用來推動雇主和員工之間的「契合理論」，那麼它們就沒必要像工作表現或滿意度指標這麼準確。它的功用比較類似企業禮儀的基礎，使員工得以用不夠「契合」的字眼，讓被拒或解雇有合理化的解釋。測驗的結果讓我們相信每個人都有獨特的地位——雖然我們可能在你這獨特的個案中找不到適合的企業位置。

雖然如此，我的工作就是要找到一個「契合的位置」，不管多麼不穩定，任何要我的公司都行。當我心裡想著這件簡單的任務，人格測驗就顯得更神祕了。如果我是一名訓練有素且經驗豐富的公關人員，那麼發現自己的個性比較適合當殯葬禮儀師，對我來說有什麼好處呢？想必有外向的工程師，也有內向的房地產經紀人，他們都會設法把工作做好。特別強調「個性」，與經驗和技能形成對比，這看起來就像一面揮舞的紅旗，但我卻無法知道它在警告我什麼。

金伯莉的補課時間終於來臨，這堂讓我持續感到威脅性的補課討人厭地侵占我的時間。之所以會有這堂補課，是因為我死氣沉沉、無法裝出和金伯莉成功互動的興高采烈，所以搞砸了先前約好的上課時段。我們一開始先看MBTI測驗的結果，她向我宣布：「你是個ENTJ型（外向、直覺、思考、判斷型）的人，我一看到結果就好興奮！」

她考我：「記不記得那兩個重疊的圓圈？」我承認還記得。一個是外界，一個是我。

「嗯，」她解釋：「個性是**你**的一部分。」

「相對於外界而言？」

---

5 保羅，《性格崇拜》，頁一三三至一三四。

6 出處同前，頁一三〇。

「對！每個字母都代表某個東西，合起來你就得到了某種水果沙拉拼盤！E——代表的是**外向**（extrovert）。你知道這個字嗎？」

「嗯。」

「它的意思是你的精力是外導的。」她也是個E，而身為E「在求職上是個好消息，因為內向者出去會有很大的麻煩」。

我想不出該如何回應，這似乎引起金伯莉難得一見的自我懷疑。她問：「你同意E這個部分嗎？和別人在一起的時候，你會感覺精力耗盡？還是精力旺盛？」

現在這種情況下，當然是精力耗盡，但我不願失去我是E的好消息。她繼續解釋其他字母，中間停下來讓我確認其準確性。「N代表**直覺**（intuitive），和S——一種注重細節的人，是相反的。對一個N型的人來說，其挑戰性就在於他們有點雜亂無章。」啊，沒錯，那就是我。T代表「思考者，和感覺至上者相反」。這沒錯，雖然她自己的測驗結果是屬於感覺型的。J的意思是，我喜歡「終止事情」，其危險性在於我可能會「草率了事」，而她則可以協助我稍微放慢步調。我懷疑她在趁機暗示，針對我最近堅持要定下我們輔導課程的期限，或至少預估一下我何時能成為有能力的求職者，踏入圈子闖蕩——這個要求被她支吾推託避開了。

「現在，真正的好消息是，」她告訴我：「ENTJ型的人也被稱為**指揮官**

（commandant）。他們在公司裡通常都會升到最高職位。你是一位天生的領袖！」

「所以我應該應徵總裁的工作？」

「哦不，但你可以告訴別人你具有相當強的領導特質。那樣你會覺得自在嗎？」

我非常委婉地告訴她我不確定，而且實在不明白重點何在。至於這個ENTJ版本的我，和摩頓的九型人格測驗顯示的那個情緒化、藝術性、憂鬱、嫉妒心強和神經質的我，完全沒有相似之處，這點就別在意了，在此我當然連提都不提。

「重點是，」她插嘴說：「它給你**可以表達的語言！**」她帶我打開之前連同測驗一起寄給我的手冊——《公司裡的類型簡介》第二版。我在桌上那堆散亂的資料中翻找一陣子後，找到了這本手冊，按照指示，翻到第三十一頁。在那頁我發現一份列有ENTJ工作特質的清單，包括「接辦快速」、「計畫周詳」，和「在公司盡力而為」。我問：「所以呢？」

她回答：「你可以在履歷上這麼說！」我開始察覺到她對我有些微的不耐。

我告訴她，我不能只因為測驗說我計畫周詳，就說我計畫周詳，我們你來我往地爭執了幾分鐘，她一再堅持我**就是**那樣。「好吧，我不認為我可以跨進某個新局勢，然後宣稱我可以接管，或說我是位天生的領袖。」

「為什麼不可以？」

「因為這聽起來很自以為是。」

現在她再也克制不了氣憤，只用一句嘲弄的「哈囉～喔？」來回應。

除非我可以假裝家裡有炸彈攻擊，否則我們還有二十五分鐘的課程要繼續，我可不願把這時間花在她脅迫我接受自己「具有」（這是她的用語）內在指揮官特質的說法。我準備了一個問題。至今為止的數次輔導以來，我直覺感到她想要我變得更像她——樂觀、開朗、「活在當下」，並且反應過度極端。我在網路搜尋時，曾經碰巧看到一些建議，如果我意圖找到一份工作，就得變得更像金伯莉那種人。其中有個叫做「轉型中的專業人才」的網站上，有一篇文章特別寫出如何培養「志在必勝」的態度，建議如下：

「你的態度會決定求職最終能否成功。如果你很氣你的前任雇主，或者表現出負面的態度，對方都看得出來。研究顯示，聘雇的過程九〇％以上都是情緒化的。換句話說，如果我喜歡你，我就可能雇用你。如果你被視為具有敵意、消極或非常情緒化，就會傳達出一種混淆的訊息，嚴重阻礙你為求職所做的努力。」

雇用的決定有「九〇％是情緒化的」，這個講法實在讓人很氣餒。那麼技能與成就呢？但倘若志在必勝的態度是我所需要的，那麼我決心要培養這樣的態度，於是我問金伯莉該怎麼做。

她可能很難想像竟然有人沒有這種態度吧，因為她立刻就詢問我遇到什麼障礙。「例如你在擔心什麼？」

「第一，我的年紀。」

「所以訣竅就是要讓你的年紀不成問題。你希望自己幾歲？」

我告訴她我對目前的年齡還能接受，但顯然不合她的標準。她接著解釋了「生理」年齡和「實際」年齡的不同，而且對於我安於現狀的堅持毫不讓步。「你不會說你**覺得**自己像三十七歲嗎？」

事實上，我感覺比三十七歲時好多了，但，到底怎麼了，我竟然同意順著她的意見，同意三十七歲是我的「生理年齡」。

「**所以**？那麼你**就是**三十七歲！」她得意洋洋地宣布。

「但你從我的履歷就可以算出我的年齡，上面列著我大學畢業的年度。」

「**絕對**不要把畢業日期放在履歷上，」她建議：「而且要把所有工作經歷都刪掉。履歷不應該回溯到十年以上，十五年是最大限度。」

這簡直讓我不敢相信。她乾脆教我從膝蓋以下截肢算了。我為芭芭拉．亞歷山大哀悼，她已經充飽氣了，如今卻要被縮小成一個三十七歲的侏儒。然而，這件事還是得做，所有提到一九八九年以前的部分都要從履歷中刪去。

更令人難以置信的是，這次輔導帶給我的「重點」（takeaway，至少我認識了幾句行話）：我並非求職界中唯一做假的人。我從金伯莉那裡，以及在某種程度上，從冷靜的瓊安那裡學到的，就是如何說謊——如何替一張不起眼的履歷灌水，如何表現出我既不覺得也不配感受到的一種自信。欺騙是遊戲的一部分。即使和金伯莉和睦相處是訓練過程的項目之一，這點我承認自己做得並不好。她有一次用「跳舞」這個隱喻來告訴我：「我們正在跳舞，但我們一直踩到彼此的腳趾頭。」而這告訴我的啟示是，我可以做自己想做的人，只要我表現得像是我相信這個信念。我已經準備好，或者該說是幾乎準備好，要踏進現實世界了。

Chapter 2

Stepping Out into the World of Networking

踏進關係網絡的世界

所有從求職網站蒐集到的建議，都強調「關係網絡」的重要性。剛開始，我天真地想像這是人際社交中一種隨心所欲的操練，可能還有喝點白酒的交際機會。可是，瓊安和金伯莉要我牢記，關於網絡連結需要下苦功、守紀律，並發揮百折不撓的精神。當我跟金伯莉說，我想要展開關係網絡連結階段時，她打斷我的話，要求聽聽我的「電梯演說」（elevator speech）。原來，這是一段三十到四十秒的自我宣傳，以我的情形來說，金伯莉建議應該這麼開始：「嗨，我是芭芭拉．亞歷山大，我是一位公關高手！」在一次電話諮詢時，瓊安跟我分享她的電梯演說（結果原來她自己也在找工作），而當我大膽地告訴她這段話聽來有點生硬時，她坦承自己尚未完全背好講稿。

經過數小時的網路搜尋，我找到了一場在

「四十以上俱樂部」（Forty-Plus Club）舉辦的關係網絡連結活動，地點位於車程只要兩個半小時的華盛頓特區。這個俱樂部創立是為了幫助經濟不景氣期間的中年主管階級求職者，俱樂部的首屆顧問團由企業及文化界知名人士所組成，很引人注目，包括IBM的創辦人湯姆．華生（Tom Watson）、彭尼百貨公司（JC Penney）的創辦人詹姆士．彭尼（James Cash Penney）、影視名人阿瑟．戈佛雷（Arthur Godfrey），以及《人生光明面》（*The Power of Positive Thinking*）作者諾曼．皮爾（Norman Vincent Peale），我認為他根本是金伯莉的心智祖父。不論創始的起源為何，全美各地十九家的四十以上俱樂部，是你能找到最接近失業白領的基層組織。俱樂部完全由義工經營，順理成章地聚集了失業的中年白領階級人士。

活動從一月份某天的早晨九點半開始，外頭陰雨綿綿，地點在杜邦圓環（Dupont Circle）附近一處讓人印象深刻的地方——實際上是一間灰暗、充滿戰鬥氣息、沒裝潢的地下室套房。潘蜜拉在走廊上迎接我，她大約五十歲左右，穿著一件長而貼身的裙子，製造出一種明顯的人魚效果。她指引我走向一張桌子，泰德正在那邊發放名牌，他看起來也大約五十歲，身上穿著發縐的西裝與領帶，深邃的黑眼圈散發某種獨特魅力。他指示我，不，我不能拿紅色的名牌，我是個「新人」，依規定要拿藍色的。他瞄了一下旁邊，或許是要轉移別人對他黑眼圈的注意。他坦承關係網絡聯誼只進行到十點，到時我們就可以聽到一場「求職者新年新希望」的演講。

時間實在很短，所以我立刻付諸行動，走到我的求職同伴前，自我介紹，並詢問他們找的是什麼樣的工作。目前為止大約有十五個人進來了，他們分坐在講台周圍安排成半圓形的座位上，全部都是中年白人。我在座位尚未坐滿、不至於妨礙我周旋於人群時，成功地和其中幾位扯上關係：在財經界的邁克和在公關界的吉姆，我驚人地發現，吉姆找工作已經找了七個月。我的下一個對象是一位自稱是媒體經理的男士，他述說自己的痛苦不滿，因為他為時代華納公司（Time Warner）付出了十一年的時間，卻在不明就理的企業重組下被解雇，家裡還有兩名青少年要養。所以這些人就是我的同類、我的新選民（男人，而現在也有一些女人），像我一樣回到家，在書桌上花一個下午的時間，孤獨地在網路進行搜索。

我原先擔心我還沒準備好的電梯演說，但和我談話的人中，沒人做電梯演說，更別提要聽我的電梯演說了。金伯莉和瓊安到底在想些什麼？到場的多數求職者都是一臉被動和淡漠的表情；至於服裝，很少人的穿著超越休閒褲範圍。光從表面來看，如果能從這群人找出另一個ENTJ型的人，我會很驚訝。事實上，這地方坐滿了大約三十個人，全都是白人和已過黃金巔峰的人，但我注意到，我是裡面唯一有系統地行動的求職者。那個比較晚到的邁可，對我的微笑示意也沒什麼反應，一頭埋在《華盛頓郵報》（*Washington Post*）裡。我把注意力轉向法蘭克，他是個大約六十歲、看起來很凌亂的人，自稱是財務方面的顧問。

「你知道布希的問題是什麼嗎？」他對我說：「他從來不需要工作，什麼東西都有人用銀盤子放好好地遞給他。」

當我點頭同意，說我也是個**顧問**（我學到用來替代**自由工作者**的一個字眼）時，他做出評論：「那就是他們要我們做的——顧問。」因為這樣他們需要時就可以利用我們，不需要時再把我們甩掉，不會牽扯到利益或其他糾葛。

十點時，會議由梅爾開場。她解釋，四十以上俱樂部的「核心節目」是一個為期三週的「新手魔鬼訓練營」，目標在於把像我一樣的新手訓練成一台出色、精練的求職機器。我發現自己盲目地關注起梅爾來了：首先，她很美麗，看起來和我年紀差不多或稍微年輕一點，而且沉著穩重。我把她當作是我的女性主管模範——聲調和悅，但不容從當前事務分心。她說她找工作已經找了九個月——她看來明明有擔任領導者角色的資格，這個訊息實在令人不安。倘若這樣一位具備主管能力的模範生都可以失業將近一年，那像我這種情況的人還能有什麼指望？

梅爾介紹演說的嘉賓喬．羅倫出場，他以前任職於「華爾街夥伴」（Wall Street Associate），擁有哈佛大學MBA學位，現在以職涯教練為自營事業。他在四十以上俱樂部網站上的簡歷自稱是失業者「過渡時期的促進劑」。他高大、態度溫和，穿著卡其褲與紅色毛衣。他感覺有點生澀，用有點自貶的語調展開演說，主題是他以放棄巧克力作為新年新希望——他說要他「這麼做很困難」。接著他想停止巧克力的話題，卻似乎有點欲罷不能，提到新希望如何能產生「骨牌效應」時，已陷入一團混亂：你不買一套新西裝，是因為你要等到戒掉巧克力、減了幾公斤才買，然後，因為你沒有新西裝，你就去不成重要的面談。這番話的教訓大概是：別費心去管什麼新希望。演說結束。

但當他問我們找工作面臨什麼障礙時，話題又接上了。有六個人舉手，提出例如恐懼、惰性、尷尬、拖延、財務、「非線性生涯路線」，還有不可思議的「熬夜挑戰」等障礙。我看到泰德靠牆站著，聽到每一個障礙都用力點頭，表示他對它們都太了解了。喬很努力地繼續在活動白板上寫字。我也插話說，我對一大堆要做的事感到不知所措，缺乏輕重緩急的次序。這被記錄為「時程安排」。

到了這個階段，我預期喬會提出一些解決辦法，但從未離開過前排位置的梅爾卻上前問大家：「你們有人可以分享解決問題的方法嗎？」我心想我要**喬的**工作，那看來不過是記點筆記，以及穿著一身大紅毛衣彷彿煞車警示燈。但解決我「時程安排」問題的辦法隨即一湧而進，快得讓我來不及寫下來。一名女士提供她的方法：「我每天安排進度，包括網路搜尋和運動，這迫使我對自己負責，即使我是房間裡唯一的人，只需要管理我自己。」有人補充：「我把鬧鐘設定成跟過去上班時一樣的時間。起床、刮鬍子、換衣服，好像要去上班一樣。」另一個解決辦法是，徵召配偶擔任「督察」，提醒你：「說過今天要做這個、做那個」。

這項建議很讓人意外：找工作並不是沒工作；它本身就是一種工作，而且必須做得像一份工作，連工作上比較讓人不愉快的環節，像遵守制度，都得堅決執行——在這裡是失業者自訂的制度。這幕情節帶有一點點戀屍癖的味道。我想到佛羅里達南端的基威斯特（Key West）傳說中的一位居民，在愛侶過世後，他竟把屍體完好地保存，在她死後還繼續維持了好幾年的肉體親密關係。同樣地，我們不接受沒有工作的事實，拚命抓著一些工作的微弱幻影。

管理自己必須像真的有上司在旁監督一般，每個人都同意這點，雖然這立刻顯現出一些概念問題：假如「推銷自己」像是自我具體化的技巧形式，「管理自己」就使這個過程更進一步，到了心理複製的領域。我想像芭芭拉分裂成勞動者芭芭拉（坐在電腦前找工作的那個）、產品芭芭拉（要被推銷的那個），現在還有主管芭芭拉（其職責是監督另外那兩個芭芭拉）——三者都爭著統治同樣狹窄的辦公空間。我想到我的第一個教練摩頓所推展的神祕「核心能力」之一，還真的是「管理自己」。

但我開始了解到，這裡的主題是痛苦管理與結構性悲傷。假如你已被偉大的企業機器所唾棄，只能冥想苦思你被人視為無能的處境時，想用一些瑣碎小事來填補日子，最好還要有別人來監督，這也不無道理。將找工作這種事想像為一份「工作」，必然滿足喀爾文教徒（Calvinist）想做任何性質類似工作的事的渴望，而美國人可能特別容易有喀爾文教徒般的焦慮。我們常常用「至少這讓我有事情忙」來肯定某項活動——彷彿忙碌是一種理想狀態，不論你是如何達成的。後來，我從哈維．麥凱的商業暢銷書《我們被炒魷魚了！》中學到，求職這回事應該比實際工作還更耗時：「假如你有一份工作，那麼你就可能擁有朝九晚五的奢侈。假如你是要找工作，那就預計每天做個十二到十六個小時吧！」[1]

製造忙碌的另外一種下場就是精疲力竭的沮喪。一位白髮的高大男士以顯然毫無前提的推論，證實了這一點。他舉手後提出警告：「假如你以正確的心態反省，反省可以非常有力量。否則它會讓你的心情很低落。」你不禁想知道，在他求職的過程中，到底忍受過什麼樣的心靈黑夜？但對梅爾和喬來說，他的意見只有「繼續保持清醒」的作用，相當於維持志在必勝的態度，即使面對絕望亦然。這時，自我管理的嚴酷喀爾文主義突然讓位給微弱的享樂主義：我們應當去健身房，在那裡和其他同好做關係網絡聯誼、和朋友吃中飯、列出你喜歡的事。坐在我旁邊、有點異國情調的黑髮女士，找傳播工作已經找了六個月，她靠過來頑皮地低聲說：「我有服用抗憂鬱藥物。你覺得我該不該大聲講出來？」我們兩個都咯咯地笑，雖然這並沒有真的那麼好笑。

我們接著談到「恐懼」，喬問我們怕些什麼。好多人以不同的說法提出「失敗」，我又

---

1 麥凱，《我們被炒魷魚了！》，頁五十六。

加上「被拒絕」。恐懼是無可避免的。喬告誡我們要「面對它」，有一位女士強調必須「真正去感覺你的恐懼」，我後來才知道她本身就是一位職涯教練。她的說法似乎讓潘蜜拉感到很高興，她跟梅爾一樣，一直都站著，但靠比較旁邊。她說：「那是尊重你的感覺！」只要一旦面對恐懼，恐懼很快就會被消滅。正如喬對這個主題所做的結論：「重點是，到底有什麼好怕的？只要實行耐吉（Nike）的口號：做就對了。」

這時候，潘蜜拉有個想法：笑，精確地說，「假笑」。只要你以假笑開始，它會奇蹟似地演變成真的。她表演了一段長達五秒鐘的笑，接著說：「看到了沒？」但這假笑無法讓眾人理解，多數人以些微警覺的態度看著她。她以更高的音域再試一次——哈哈哈哈哈，哈哈哈哈哈。為表聲援，我試著加入她的行列，否則現場實在是安靜得可怕。

我們接著來到健康與財務的話題，再到一個喬稱之為「職業空窗期」的障礙，他說這是你履歷中時間順序上的瑕疵，例如由一段因失業所造成的空白。這可能是估量我天真程度，以及長年與正常就職世界脫節的距離判斷基準，但我還沒意識到，原來失業本身可能會使求職資格不符。[2]喬要我們認可「空窗期」的存在，接受它，並強調其光明的一面，例如我們在忍受空窗期時所學到的領悟。我舉手問：「倘若這『空窗期』是當家庭主婦呢？」我預期在這裡至少可以得到一些女士的同情，但當我這麼一說，可能就像是宣稱我把大半的生涯都投注在領取救濟金一樣。喬不安地望向別處，迫使梅爾走到前面，保證這個話題會在「新手魔鬼訓練營」中處理。靠在牆上的泰德大聲建議我可以強調「在管理小孩時所培養出的時間管理技能」。

嗯，是啊，好像我要把履歷寫成像「談判複雜的兒童交通運輸議題」和「提供具高度創造力的三人小組家庭領導技能的訓練」？我想到近來所有有關中上階級的文章，職業母親選擇在家陪伴孩子度過童年，滿心期待之後再全力衝刺她們的事業。有一個X世代的媽媽在《時代》雜誌的一篇訪談文章中提到：「好希望她不會因這幾年在家而受到懲罰。」[3]但這項「媽媽話題」顯然就此打住，在這個為長期失業者所組織的支持團體裡停止了。

十一點整，喬的演講在一片熱烈的掌聲中結束，我選擇這個空檔開始向門口慢慢移動。才剛到門口，梅爾就把我叫住，她正在主持一個小小的儀式，表揚一位真的找到工作的魔鬼

---

2 一段失業的時間很可能也會損害到一個人的信用評等。在一種殘忍的荒謬兩難下，會把信用調查作為一項雇用條件的美國公司，自一九九六年的十九%，增加到如今的三五%——使人更難在艱難時期後捲土重來。參見瑪莉·詹尼滋洛（Marie Szaniszlo）的〈雇主轉求一種新的背景調查方式〉（*Employers Turning to a New Kind of Ref Check*），《波士頓先鋒報》（Boston Herald），二〇〇四年十二月十二日。

3 克勞蒂亞·華理士（Claudia Wallis），〈選擇持家〉（*The Case for Staying Home*），《時代》雜誌，二〇〇四年三月二十二日。

訓練營畢業生。她說：「芭芭拉，現在還不是走的時候！」我很驚訝她可以從這個距離看到我的名牌，也很不好意思被個別點名。我站在那裡，看著一個四十多歲的亞裔美國人、今日的幸運求職者，拿起一支音槌敲在一口大鐘上，成為一位「鳴鐘者」。我向後跨出門檻，但潘蜜拉在我的正後方，擋住了我的路。她小聲對我說：「你的名牌掉了。」我強迫自己冷靜下來，因為我已經開始對往外溜的可能性失去信心。假如我想再向自由跨近一步，就有可能被某些更健壯的狂熱信徒撲倒。

我開始覺得情形就是那樣。假如他們的目的不是利益的話——而且也不可能是，因為每個工作人員都是義工。那麼，在正式活動後溜走一個可能的新會員又有什麼關係呢？我有一個偏執的念頭，感覺自己陷在梅爾教派中，而接下來所發生的事似乎證實了這點。像我一樣的新人總共有六名，聚集到另一個邊間去上自己的特別課程，因而潘蜜拉為何關心我的名牌也就顯而易見，這樣比較容易分辨出誰是新人。

這場新人的特別集會，結果是為了大力推銷費用近六百美元、每天八小時、為期三週的魔鬼訓練營。泰德和潘蜜拉擔任主持人，開場先播放一些訓練營多麼有效的錄影見證，而我們這些新人則是冷淡不抱期望地坐著。泰德告訴我們，從履歷的推展，到身體語言和電梯演說，這將會是一段緊湊的經驗分享。除此之外，我們每個人都會錄製一段三分鐘的自我推銷影片，不斷修改直到完美為止。他站在我的座位旁邊，當我正在瀏覽一張描述魔鬼訓練營課程大綱的海報時，他突然放聲大哭。

他做簡介時我心不在焉，所以我得快轉回想他崩潰時所說的情緒化比喻——大概是有關他的一個鄰居被解雇，而且已經好幾個月了，卻對泰德隻字不提。是破裂的友誼？或只是讓他回想起失業的最初幾個月是多麼孤獨？還有他的黑眼圈到底是怎麼來的？

我必須克制自己不要站出去，把手放在他的臂膀上，但潘蜜拉很不耐地堅持由她接手海報的簡介工作。受到指責的泰德努力鎮靜下來，眼淚仍一直滑落臉龐。

我終於起身離開，放棄知道泰德後來的情況，或者梅爾這位魅力超凡的領袖到底是聖人還是惡魔。無疑地，這裡沒有什麼狂熱的教派在進行活動，而義工這麼堅持促銷魔鬼訓練營的唯一理由，也只是因為這樣才有點事可做：讓自己埋首於四十以上俱樂部的活動，總比孤獨坐在家裡等著電話響好多了。但是泰德的崩潰確實更讓我加深了一種印象：無論現今的企業界是什麼情況、無論是怎樣瘋狂的過程吞沒了人們，然後又在他們晚年時唾棄他們，傷害已然造成。

和金伯莉進行下一次輔導時，我回報已經成功做過關係網絡連結了。「所以你攀上一些關係了嗎？」她想知道。

「只有關係連結活動的那些人。」我坦承，並解釋四十以上俱樂部的背景。

「但他們都是失業的人！和失業者連結沒有意義，除非他們和你想去的公司有些關係！」那麼，這一大批和我同類的失業白領人士，也不過如此了。不值得花一天的時間與他們為伍。你受鼓勵去參加關係網絡連結活動，結果被告知不過是在浪費時間。

「想一下，」她說，嘗試新的引導方向：「你想要進入什麼公司工作？」

對這點我已經有了新的見解，所以我告訴她：「我一直在想……我在衛生保健業做過很多事，或許我應該更強調這一點，也許可以試試製藥公司。」

「製藥公司——很好！還有呢？」

「醫療用品公司？」

「還有呢？」

「哦，我不知道。」

「醫院！醫院怎麼樣？」

我必須承認我不知道或者忘了醫院有雇用公關職員——另一個痛恨看到醫院帳單的理由。所以我要如何連結醫院人士？

「你有一個醫生，不是嗎？」

我承認我有。

「那就和他連結！」

「但是他連通知我血壓多少都幾乎沒有時間，更別說要談論我的生涯了。」

「他有櫃檯人員嗎？」

我也承認他有。

「那就和他連結！」

我沒有告訴她我過去和醫院體系的恩怨，而且我也不引以為傲，但我覺得這個建議很侮辱人。根據我的履歷，我可是位「經驗豐富的專業人士」，而我卻得為了工作線索而去糾纏一名診所的櫃檯人員？更別提事實上這名櫃檯人員看起來比醫生更心煩意亂、更匆忙了。同時，金伯莉還在繼續說**隨處**連結的必要性，例如飛機上坐在我旁邊的人。除了那些失業的求職夥伴，好像人人都值得我的笑臉關心。

輔導結束，我又續了一杯冰茶，坐下來仔細思考我對金伯莉的反感，這似乎和整個情況完全脫節了。我雇用她，她是我的選擇，她理應幫我。除此之外，當然，這也只不過是一場新聞記者的冒險而已，我不會賭上真實的情感。但是這種不喜歡已經到達痛恨的地步了，而且對我來說，彷彿只要我能查出事情的真相，我在求職過程中就能占得先機。她代表的是企業界中某種令我厭惡的事物，某種以無情爽朗的面具掩飾的深沉冷酷。事實上，「面具」這個主題在我的背景閱讀中已經出現了好多次，例如理查・賽內特（Richard Sennett）的《職場啟示錄》、羅伯特・傑柯（Robert Jackall）的《道德迷宮：企業經理人的世界》（*Moral*

Mazes: The World of Corporate Managers）等書中，都不斷提到企業職員必須戴的「面具」，就好像古希臘戲劇裡的演員一樣。根據傑柯的說法，企業經理人強調必須運用鐵石般的自我控制，並且把所有情感與意圖都掩飾於溫和、微笑、愉快這些公眾表情下。[4]

金伯莉似乎已經精通這種必備的虛假，即使我不喜歡她，我的計畫目的就是在她似乎已運用自如的企業文化裡受到歡迎，也就是說我需要「面對」我的反感並加以克服。但在我達到那個超脫的境界前，好像陷入了青少年時期遺留下來的情緒空間中：我恨你，請你愛我。

好吧，這想法再怎麼不討人喜歡，我還是得用像在工作的方式來規畫找工作這件事。我決定我的每日計畫如下：

早上七點半：起床、吃早餐、看報紙、看一下CNN好知道有沒有大災難——恐怖份子攻擊、小行星撞擊等，這些可能會阻礙我近期就找到工作，或至少使我必須修改每日計畫。儘管求職建議如此，我拒絕盛裝打扮，穿得一副好像真的要去上班一樣。我還是堅持穿我平常的衣服，也就是介於睡覺穿的T恤、下午需要的運動服之間的普通衣服。

九點到十二點半：往書桌前進，處理日常事務——看電子郵件、修改履歷、上網查看全國各個求職布告欄，還有我想得到的任何事。多虧我加入亞特蘭大求職網（Atlanta Job Search Network）的會員，每週送來好幾十個可能的工作，光是看電子郵件就可以花上二十分鐘。為何要選擇亞特蘭大？因為那是一個熱點，至少在求職上可以這麼說，只有大約四〇%的失業率——舉例來說，比波士頓或紐約低多了。除此之外，只要搭一趟飛機就能到，也使這裡成為吸引我的目標。不幸的是，從這個網站傳來的工作機會幾乎都是和我不相關的領域，如「系統管理」和「建築監造」，但有時會有些比較有意思的東西可讀——短文或求救，例如，我的求職同伴崔妮塔很悲哀地寫著（給我和網路上的所有人）：

「我終於找到了一份工作，但仍是沒有福利的短期派遣……先前我失去了位於亞特蘭大的公寓，在被裁員而沒錢付帳單後，到二十六歲這個年紀還得搬回家與母親同住。我要感謝所有人還有他們的母親，但我猜想我又回到光明的正確軌道了。」

有些求職同伴們的簡樸忠告同樣帶有絕望的意味。馬克有篇文章叫做「停止哭泣後能做的事！」，他列出了十三項活動，開頭是：「一、擁抱你的另一半。（家庭必須放在第一位！！！）」然後結尾是：

---

4 羅伯特·傑柯，《道德道宮：企業經理人的世界》，頁四十七。

「十三、最後，但並非最不重要的事——擁抱你的另一半**和孩子**。（切記——家庭**必須**放在第一位！！！）」

中間是一些針對「和每個人網絡連結」的常見告誡，包括「姑姨、兄弟、姊妹、表親、同學……會計師、美髮設計師、理髮師等」，以及「保持積極樂觀的態度。你想要和『心情低落』的人還是提振你精神的人講話？」

有好幾週，我每天的工作核心都包括修改出符合瓊安精確標準的履歷。在每個逗號都審查完畢後，我們終於一致同意這段開場白：

「摘要：具活動策畫、公關和講稿撰寫等豐富經驗的顧問，將提供促進公司品牌與形象的領導技能。特別擅長於保健政策和保健相關議題，具有高水準的全國性媒體曝光紀錄可考查。」

令我懊惱的是，她告訴我，我的學歷有點不足。我列出化學學士的學位，這是我真正擁有的，而且是以我的本姓亞歷山大得到的學位。但這還不夠。至少我應該旁聽過幾門相關的課程吧？所以我就列出修過的課程，希望這些看起來還滿像真的教育課程，並可視情況修改：

- 「推廣社會變革」（革新媒體計畫，一九九一）
- 「媒體與新科技」（紐約大學，一九九五）
- 「說服技巧寫作」（社會研究新學院，一九九八）
- 「婦女保健議題與媒體」（長島大學，一九九九）
- 「活動管理的社會心理學」（加州大學柏克萊分校，二〇〇一）

更傷腦筋的是，瓊安要我把履歷表寫長一點；她的履歷長達四頁。但這實在已經超出我瞎編的能力範圍，所以我辯稱：不，在我每天都瀏覽的美國公關協會（Public Relations Society of America）網站上，履歷都只有簡潔的一頁，而且這似乎是一般行業的標準。

我的履歷仍然離完美還遠得很，可能還要再花好幾週昂貴的輔導課才能達成，因為瓊安和金伯莉對最新版本的草稿一直都在做小更動，像是詳細斟酌要列出什麼樣的「社區義工服務活動」。我開始懷疑這個過程被故意拖長，完全是基於獲利的理由：每堂半小時的輔導，有時完全只著重在標點與格式上，教練卻可賺到一百美元。

雖然根據教練的評斷，我的履歷並不完美，我還是忍不住去應徵美國公關協會網站上貼出的一些工作。這相當容易：我只要按公關工作職缺欄（一週通常有十幾項工作），然後送出我還在加工中的履歷就好了。我也可以上公司網站直接應徵，按一下「職業」，搜尋公關工作空缺名單，然後在線上提出應徵即可。除了需要專業知識的工作（例如電腦網路或影視製作），或需要長期經驗的特殊行業外，我什麼都應徵。假如公司想要的是思考與寫作的能力、具五年經驗，那麼我認為自己就是具備高度資格的候選人，無論這家公司強調的是內部溝通、宣傳，或是公共事務。當然囉，我是非常有彈性的。有一次我申請了美國糖尿病協會（American Diabetes Association）的公關主任職位，然後又轉移陣地到赫氏巧克力公司（Hershey's）應徵。大部分的情況下，我都能很滿意地收到確認申請的電子郵件自動回函，然後又給我一組號碼作為職務查詢之用，以防我還想繼續聯繫。

十二點半到一點：吃午餐，再看一下報紙。這合乎於我作為一名公關人員，要走在趨勢、新科技、商業醜聞等尖端的需求。

一點到三點：回到書桌前做些較悠閒或具思考性的勞動，如打聽更多公關與活動策畫領域的消息，並蒐集更多小道消息和線索。有時候下午勞動的結果變成在破壞早上所完成的一點點成就。例如，有一天我花了一早上的時間在履歷上，下午讀了傑佛瑞・福克斯（Jeffrey J. Fox）所著的《別為找工作抓狂》（*Don't Send a Resume: And Other Contrarian Rules to Help a Great Job*），我很絕望地讀到：

「以『敬啟者』為對象的履歷，與垃圾郵件無異。一封沒有目標的履歷，通常只配墊在鳥籠底下。大部分直銷商寄出的推銷信件都直接從信箱進到回收箱。沒有收件者會期待收到以標準格式寫成的履歷，即使收到了，也會很快地被扔進辦公室的『丟棄籃』。少數履歷會得到對方的一封『抱歉』信，但是九九・二%都會被扔進廢紙箱。」[5]

根據福克斯的說法，沒有人對我的背景或「生涯目標」感興趣；所有公司都想要知道的是我能為他們做些什麼——意思是說，要在電腦前面坐久一點，詳細研究每一家公司，看出它的問題，然後想出一些解決辦法。另一個下午的搜尋，又讓我看到令人沮喪的消息，說雇主（尤其是大公司）完全不再費事去看履歷；他們用電腦程式掃瞄履歷，尋找想要的關鍵字，我只能希望**公關**和**保健**也在其中。

三點到四點半：去健身房做每日健身運動，這是所有的教練和諮詢網站推薦的。我本來就會去健身，但我還是很高興健身能被認可為正當的求職活動。事實上，我發現自己延長健身的時間來填補空檔——每天從四十五分鐘延長到一個小時以上。我可能永遠找不到工作，但再過幾週，我可能就可以把任何工作競爭者搏倒在地。比較不好的一點是，我完全不知道

---

5 傑佛瑞・福克斯，《別為找工作抓狂》，頁五。

該如何利用健身房作為連結的機會。我應該和誰連結？是那個每天在室內跑道至少繞一個小時，一看就知道是失業者的人？還是那個不知在踏步機上咕噥著什麼的厭食女生？我一開始希望那咕噥是表示她想跟人交談，結果她是聽著iPod裡的歌曲在哼唱。無論我在這裡抛出多少迷人的笑容，我的對話似乎從來不曾超出過「你介意我在這裡運動嗎？」和「哎呀，我想我拿錯你的毛巾了！」的範圍。

但你也不能把所有求職的時間都花在電腦上。在四十以上俱樂部，喬告誡我們：「走出你的洞穴！」所以我決心要嘗試和實際上班的人連結。瓊安告訴我有一個當地商業人士俱樂部的每月聚會，離我在夏洛特斯維爾市的家才幾公里遠，花三十美元就可以獲得一個便當以及與在職人士交際的機會。我遲到了幾分鐘才抵達聚會所在的一間旅館會議室，口袋裡裝滿了我的名片。大約有七十個人圍坐在桌前，聆聽旅館經理一一介紹旅館設施的歡迎詞，以備有人決定活動後要留下來過夜：一百一十八個房間，每間都備有咖啡壺、吹風機和燙衣板。我想你可以說，他也是在做連結吧。

主講「投資新興成長基金：創業投資與其他策略」主題的三位演講人登場，但我坐太後面了，看不到他們。所以，從我這個位置看過去，只聽到縹緲的男聲伴隨著投影片介紹，全都強調著同樣的趨勢：從二〇〇一年以來，由創投資金支持的首次公開募股（IPO），在整個維吉尼亞州有大幅下跌的趨勢。每個人似乎都以讓人欽佩的淡漠神態面對這個壞消息。聽眾裡沒有一個人打岔、竊竊私語、呻吟嘆息，或試著提早溜之大吉。有些詞語不斷被提到──「技能組合」、「不管怎麼說」和「投資評估」──我把它們寫下來加入我的企業詞彙裡。其他的唯一消遣就是便當了，這好像是設計來直接抵制甫過世的阿金博士（Dr. Atkins，編註：美國醫生和營養學家，以發明低澱粉的食肉減肥法而聞名於世。）減肥餐一樣：雞肉沙拉捲、通心粉沙拉、洋芋片和一大塊巧克力餅乾。

這些人是誰？雖然我坐在房間後面靠牆的地方，但多數來參加聚會的商業人士都是圍桌而坐的，所以我可以看到不少名牌，而且很多還包括公司名稱：CVS便利商店、智慧理財公司（Moneywise Payroll Solutions）、WBT顧問公司（WBT Advisors），還有一些房地產公司。戴著名牌的這些人一點都不讓人覺得害怕；我看到滿頭亂髮和麻木被動的表情，這些同樣可以在四十以上俱樂部看到。這一定是因為在職者與求職者信仰相同的企業文化，而且這是一種服從與克制的文化，或許有點類似強硬的儒家學說全盛期的中國宮廷文化吧。

但我不禁想，是什麼條件讓在職者形成一種類別呢？如果他們看起來並不比求職者更好或更熱情洋溢一點，他們是怎麼找到工作的？當然，他們一定都具備我難以想像的技能，例如財務或會計，而且都會坐在辦公桌前完成複雜的任務，或是以我的觀點來看很奧妙的任務。

有一個人引起我的注意。一位主講人享受著難得一試的幽默，他告訴我們，SBA（是指小型企業管理局〔Small Business Administration〕嗎？）的貸款不能用來資助「脫衣舞俱樂部或是色情場所」，說到這裡，一位坐在我附近的女性咕噥著說：「或是用來推翻政府。」她是個幽默的女孩，還是激烈的革命份子？我決定她就是我的第一個連結對象，但等到節目結束時，她在我還沒來得及追上她前就溜走了。結果害我現在站在一位大約四十歲、看起來很可怕的人附近，不過他長得還滿像電影《華爾街》（*Wall Street*）裡的邁克．道格拉斯（Michael Douglas）——西裝筆挺、翠綠色絲質領帶、頭髮後梳，鬈曲的髮尾拂過衣領。我應該說聲嗨並伸出手的，但他不耐地看了看我，大步走出會議室。接著我應該再走向別人，但他們全都往衣帽間移動。我對著每個與我目光相接的人微笑，但每個人都急著領取他們的大衣。我能怎麼辦呢？開始把我的名片塞到他們手裡？把名片丟到空中讓大家搶著去撿？

除了拿好外套回到車裡，和抵達時一樣沒交到半個朋友之外，實在是沒什麼可做的。假如金伯莉也在那間廉價吊燈照明下的會議室裡，或許她就可以告訴我到底問題是出在哪裡了。但現在我只覺得大大鬆了一口氣，今天找工作的行程已經結束，該是我上健身房的時間了。

今天學到的教訓是：我還沒準備好要進行下一步，也就是和可能實際提供我工作的人面對面互動。例如，我的名片就是個問題。現在已經一月底了，但兩個月內一百張名片我只勉強遞出不到五張。我知道就這些名片而言，我的工作就像是那些在曼哈頓街上試著塞餐廳廣告給你的人一樣——重點是只要擺脫這些名片就好了。如果這些名片都發不出去，無法四處張揚舞動，我就等於不存在一樣。但即便只是遞出一張名片，我就得和一個人談得夠久，才能看起來很自然地說：「欸，你何不拿一張我的名片？」有什麼讓我遲疑不前——或許是「缺乏自信」吧，我和金伯莉都同意這個說法，雖然我懷疑還有一種不願「推銷自己」的高傲抗拒。

其他求職者似乎也為同樣的沉默所苦。例如，我透過亞特蘭大求職網結識的網友希拉蕊．麥斯特就說，她覺得「整個關係網絡連結這件事」有很大的困難：

「這是個性問題。我是個安靜、有點內向的人。這（人際關係連結）讓我覺得很假，但我知道這只不過是場遊戲罷了。」

這感覺起來很「假」，因為我們知道這意味著偏轉我們天生的社交性，已到了別有用心的地步。通常我們和陌生人見面都會預期他們真的很陌生，而被每個人特有的多重神祕感所吸引。但在關係網絡連結裡，就像性交易一樣，並沒有時間讓你心醉神馳。你可以這麼說，網絡連結者總是仔細打量著彼此，想要看看這次交流能夠蒐集到什麼實質的好處——小道消息或是寶貴的門路。這種工具主義破壞了一種群體認同的可能性，比方說，企業劇變下的白領階級受害者。無論室內有多擁擠，關係連結者仍伺機徘徊，尋找符合個人需求的機會。

但在目前的情況下，這些反對的理由都只是藉口而已。不論是什麼讓我卻步不前，例如害羞或驕傲，這些都必須克服，而且在求職這件事上我知道我需要更進一步的輔助。

四十以上俱樂部的魔鬼訓練營不在我的考慮之內。我到華盛頓特區參加他們下一次的週一晨間聚會時，泰德當面問我：「是什麼原因讓你躊躇不前？」我愣住了，覺得這個質問很有上回演講者喬的風格，可能的回答包括「拖延」和「非線性生涯路線」。他接著說：「錢的問題？」這時我才恍然大悟，原來他問的是，什麼原因讓我對參加魔鬼訓練營躊躇不前。我說不行，我沒有辦法天天單程通車兩個半小時，連續三週來上這朝九晚五的課程。

「有人從賓州大老遠通車來這裡，」泰德責備我：「不然你也可以住旅館。」

假如我參加了魔鬼訓練營，那麼我就可以成為俱樂部的正式會員，這能讓我和梅爾連結、交流領巾在套裝外套上的正確戴法，並從她身上沾染一點主管氣息。不過，我隨後找到一個相當吸引人的濃縮替代方案（也可以說是它找到了我）。某天我在盤算亞特蘭大的工作可能性時，看到一則「經理人魔鬼訓練營」的廣告，是由一個叫做「主管桌」（Execu Table）的單位主辦的，活動為期一天。這個訓練營並不便宜，尤其還必須加上機票和一個晚上的旅館住宿費用，但是七個小時和四十以上俱樂部規定的一百二十個小時之間的差別實在太大了。所以我點開旅遊網站 Travelocity.com，經過三十分鐘的比價後，想好了一項旅行計畫。

Chapter 3

Surviving Boot Camp

魔鬼訓練營餘生

過去兩年來我去過亞特蘭大兩次，停留的時間足以讓我覺得這是一座沒有情感的城市。在上次住的一間市中心旅館，我可以朝任何方向走了兩條街都還碰不到另一個行人。我甚至還問過警衛要到哪才能找到亞特蘭大人，他指點我坐地鐵到市郊的商場，那裡果真有好幾百人，沒有人露出最近才逃離一場中子炸彈攻擊的跡象。這可能是最新的都市趨勢——人口減少效應，因為我在達拉斯和奧克拉荷馬市也遇過這種情形。對失業者來說，這代表沒有可聚集、喝杯咖啡，或者還可聊聊天的公共場所。唯一的選擇就是家裡、公司或商場；而且假如你沒有收入來源，商場最好不要去。但魔鬼訓練營是在繁榮的東北郊區舉行，那裡的生活顯然運作如常。

我抵達亞特蘭大，心裡並不踏實。已經二月了，而我這段時間以來實在沒有多少進展，我和瓊安一直在努力修改我的履歷，這已經變成寫畢業論文般的大工程了。經過數不清的修改與爭執，討論該如何最有效地強調我的優點後，她宣告我終於「快好了」，也許只是因為我告訴她下個月我不願意再付她服務費用了。我已把這份幾近完工的成品貼在怪物人力網和熱門工作網上，並把它寄給十二家徵求公關人才且可直接在公司網站上應徵的大製藥公司——從亞培（Abbott）到惠氏（Wyeth）都寄了。到了這個階段，我有自信我的履歷已經包含了所有必備的才能，我更跨越醫藥領域，急切地去應徵任何徵求符合以下人才條件的公司：

〔一位〕有經驗、上進心強的公關主任。職責包括推廣地方企業品牌、建立普遍的社群意識、媒體推廣，以及宣傳素材設計。

或可能是：

〔一位〕具扎實專業編輯與溝通策略技巧（具健保溝通經驗者尤佳）的熟練作家。至少有兩年與媒體工作的經驗（附代表作範本）。須具學士學位。

有幾家公司以電子郵件寄來自動讀取的回條通知，其中惠氏公司還大費周章地寄來一張真正的明信片。不過，就只有這樣了。大多時候，美國的企業界似乎還是寧願硬撐，也不要我的幫助。

在低落的心境下，即使是魔鬼訓練營，也開始隱然成為一場很可能不及格的考試。我有沒有毅力能撐過魔鬼訓練營？萬一那裡說的都是令人費解的企業術語呢？在那天的密集互動裡，我的偽裝有沒有可能當場被揭穿？

我們大約有十五個人，圍著一張馬蹄形的桌子，面對主持人派屈克·諾爾斯。網站上的訓練營簡介出現了好幾次**主管**這字眼；還有一次和派屈克簡短的電話談話中，他規定參加魔鬼訓練營一定要帶履歷。根據這兩點，我想像營訓場地應該比超級簡陋的漢普敦旅館裡無窗的會議室堂皇一點。結果這裡甚至連喝水的玻璃杯，或是讓你寫字的免費便條紙都沒有。雖然那裡只有少數幾個人沒露出一貫茫然的企業表情，但我還是預期我們會有機會沿桌介紹自己。例如，我忍不住在想詹姆士（從他面前的名牌得知其名）的背景，只因他那頭瘋狂亂長的小平頭；還有比利，一位四十多歲長得很英俊的男士，看起來對這個場合有點過度興奮，幾乎費勁地克制著自己的興奮。還有高深莫測的辛西亞，她有一頭蓬亂紅髮，大約四十五歲，即使穿著牛仔褲，看起來還是一副很難取悅而且有點遙不可及的樣子。但我們沒有自我介紹，立刻就切入主題。在電話裡聲音洪亮自信的派屈克，一點也不是我想像中具有大將之風的樣子。頭髮微禿、黯淡突起的雙眼，再加上絕不像企業人的大肚子，他以一種古怪的治療語氣開場：

「我要用眼神和你們接觸。你們必須信任我，看看這個經驗對你們有何影響。這是根據經驗學習理論而來，包含三大部分：視覺、聽覺與動覺。還有四大問題：你希望一年後的生活會是如何？要達到那樣的生活會面臨什麼樣的挑戰？你需要投入什麼才能面對這些挑戰？如果你不投入這些，會付出什麼代價？」

三大部分與四大問題——除了眼神接觸外，聽起來實在很讓人沮喪，簡直就像是摩頓的翻版。除了外表以外，他們的差別在於派屈克較有魅力；他說得愈多，吸收的精力就愈多，顯然是因為只有他自己的聲音在室內振動，全體都鴉雀無聲，完全沒有反應。

「我要告訴你們我的哲學。它非常有力。你個人的幸福感每增加一分，你的外在表現也會呈指數增加（Every unit increase in your personal sense of well-being increases your external performance exponentially.）」

這個哲學在活動白板上被寫成「EP/PSWB」。我們才上了五分鐘的課，我就得絞盡腦汁去理解了。假如EP（外在表現）隨著PSWB（個人的幸福感）呈指數變化的話，那我們為何要對EP相對於PSWB的「比例」感興趣？在一整天的課程裡，這個中心思想用了許多不同的假數學形式，例如「EP10+/PSWB」和「EP10x/PSWB」，快讓我抓狂了。當然，無論是EP或是PSWB，我已經看出它們都不能以數字的形式來表達；至少我無法想像，你會怎麼量化你個人的幸福感？雖然這裡包括了數位資訊科技和電信界的人士，他們對數學一定有些粗淺的認識，或至少具有邏輯、數位思考的概念，但似乎也沒人稍微費神去反應。重點是要抬高PSWB的指數。

「PSWB要視真實性與一致性而定，而這些都是藉由自我發現的過程增強。你會看到人們改變他們的生活……你必須相信無論我做什麼，都會導致這個〔自我發現〕。這是經驗輔導的諾爾斯群體模型。」

所以這就是「諾爾斯群體模型」的運作方式：在派屈克嚴謹的領導下，每個人輪流上前說說「四大問題」，不過並沒有照一定的順序。他告訴我們，他「得到許可」在任何時候都可以打斷我們，而他喊「停」時，我們不可以說話也不可以看別人。是誰給他「許可」的？當然不是教室裡的人，多數人似乎都已經僵坐成呆滯默從的狀態了。就和四十以上俱樂部一樣，室內瀰漫的氣氛是沮喪消沉的，摻雜著些許膽怯的期望。姑且不談別的，這種「喊停」的動作叫做「格式中斷」，派屈克告訴我們：「這是非常有力的。」其目的是為了「從經驗中獲益」，彷彿經驗是一個發現「益處」的新大陸一樣。

第一個上台的是理察，大約六十歲左右，有一張布滿了笑紋的慈祥臉孔。他原是房地產業的人，但因不明原因而離開，似乎和「壓力很大」有關。然後他領悟到自己一生的夢想就是和兒子一起闖事業，但「那也行不通」。我曾讀到，這是一種趨勢：失業的父母到他們成年子女的公司工作。這可能是冒險的做法，因為實際上這牽涉到推翻父母的長期權威；而且我覺得，再也沒有比臨老之際還要受雇於自己的子女更可悲的事了。理察現在尋找的目標是相當廣泛的：「為我的生命找到些許方向。」

這段話都是以平板的口氣講的，沒有絲毫自憐之情，但理察的表情讓人覺得他很習慣別人用侮蔑的態度來看待他的話語。我很擔心他會開始哭起來，或至少用雙手摀住臉龐，以擋開迎頭痛擊，但，還好，派屈克在他坦承更多失敗之前就「喊停」，他告訴我們：「我必須挖出他的痛苦，但他現在太脆弱了，我不能把他逼得太緊。」他要我們對理察的處境提出一些意見，過度熱切的比利（原來他大半輩子都待在軍隊裡）很敏銳地觀察到：「他們現在一天得工作十到十四個小時，」顯然指的是壓力很大的房地產仲介工作：「那是一大挑戰。」

「他們？」派屈克打斷他的話：「誰是**他們**？」

原來我們是不可以談論「他們」的，我們的言談必須限於自己的「經驗」裡。但是辛西亞犯了同樣的錯誤（就是那位紅髮女性，原來她是名房地產仲介），她評論：「房地產市場本來就這麼糟糕，理察把這件事想得太針對個人了。」派屈克不理會這句敏感的插話。我們對房地產市場沒什麼興趣，那只不過是另一個「他們」——可用來作為我們失敗藉口的某種外在力量或實體。

接下來補充的是凱文，他說他三十六歲，是一個叫做什麼「營運管理」的從業人員，以他最堅定的目光說自己很「可靠」。可憐的凱文現在面臨公司即將裁員的謠言，正考慮要開創自己的事業。但這並不簡單，因為他有兩個小孩和一個沒在工作的老婆。派屈克彷彿失去耐性般，突然「喊停」，並對我們說：「使凱文裹足不前的人是誰？」

除了我之外，每個人都異口同聲回答：「凱文！」

不知怎麼了，凱文的情況讓派屈克開始講起他一位大學同學米契的故事。很多年前，他們都還年輕時，他們到米契家吃感恩節晚餐。派屈克很仔細地描述當時的場景：外面又冷又泥濘；裡面滿室溫暖，充滿誘人的菜香。晚餐前，他和米契決定溜進廚房做火雞三明治吃。他們正興高采烈地填飽肚子時，派屈克聽到身後傳來碰撞的聲響。是米契摔倒在地。派屈克覺得這一定又是米契的惡作劇，但米契卻還躺在那邊臉色發青。原來他中風了。結果他外觀變醜了，而且有幾個月無法講話。但你們猜猜後來怎麼了？**他**就是米契，米契實際上就是派屈克。

這表示……嗯，他在復健中心歷經一段痛苦的掙扎，再次學習說話。派屈克停頓下來，沉緬於自己的思緒中。這表示，嗯——他所能表達的就只是「被了解的重要性」。

我們還在為這則故事百思不解時，他讓我們解散到旅館大廳休息一下，喝旅館提供的咖啡和果汁。我向那個滿頭亂髮的詹姆士自我介紹，解釋說我找工作只找了幾個月而已。

「歡迎來到這個未亡者樂園。」他說，接著又說他找電信工作已經超過一年了。

我問他對這故事的看法，他聳聳肩，只想知道派屈克為什麼要把他的名字改成米契。我沒有跟別人講，但我的理論是，派屈克從一個勵志演說家那裡聽過類似的故事：有一個在貧困中長大的男孩，一直都被虐待，而且還有學習障礙，猜猜看後來怎麼了？那個男孩就是我。

派屈克一定相當喜歡這個策略，才會應用在自己身上，儘管用得有點草率，其中的細節還得做一些修改。就要吃晚餐了，他們切火雞做三明治幹嘛？不管你有多餓，切火雞都是一項儀式，是要在桌上這隻完整無缺的大鳥身上進行的。而且那時應該正值全力搗馬鈴薯泥和做醬料的時候，在那緊要關頭廚房為何空無一人？我很想跟大家分享這些問題，不過這似乎滿不厚道的。反正詹姆士也已經對這個話題興趣缺缺，跑去拿果汁了，而辛西亞則告訴我她很擔心保密性的問題。我同意，如果你不認識別人，就很難放下防禦的心理，而且到了這個時候，我還看不出有任何理由能信任派屈克。魔鬼訓練營的結構看起來好像團體治療，但是這個團體裡最具挑戰性的案例，可能是我們的領導人。

休息過後，我們聆聽一位小姐的介紹，她三十多歲，「熱愛」她醫院行政的工作，但由於身為人母的責任，不再能應付這樣的工作時間，於是她寧願做一些比較有意義或「以人為導向」的事。派屈克除了建議她應當保持寫「當天重大事件、思想和感覺」的日記外，也沒什麼好說的。接著是一個高大、看起來很洩氣的傢伙，他很尖銳地說到他曾是商展業的「關鍵人物」，直到九一一後失去工作，變成一個「無名小卒」。然後還有克里斯，一個快四十歲、有著一張悲傷臉孔的電信業人士，他厭倦了工作上的過度要求，而且周遭到處都聽得到裁員的風聲。

我很驚訝有這麼營訓夥伴實際上還在職，至少目前看來如此。我原本預期周遭全是像我一樣的無業求職者，但白領階級勞工大概包括兩個族群：完全找不到工作的人，和對現職不滿的人。中間地帶是個可怕的地方，你長時間奉獻在你覺得將要拒你於千里之外的工作上，但願這只是因為很多同事都被裁員的錯覺。我曾經讀過一種叫做「倖存者症侯群」的憂鬱症，據說在可能裁員的公司十分常見，營訓夥伴中有些看起來就像是這種症狀的受害者。對於克里斯的個案，派屈克沒有提出什麼解決的辦法，不過他指示克里斯要「坦承他的經驗」。

現在輪到我了，本來我希望晚一點再上去，以便有更充分的時間來研究其他營訓夥伴的表現，還可以先在心裡排練一下，但是輪到我了，我從白日夢裡醒來，大步走到教室前面。我簡短地自我介紹：我做過活動策畫與公關方面的顧問工作，目前想找一份有安全感、延續性、夥伴情誼的企業工作，不過，聽大家說完他們的故事後，我懷疑自己是否走錯方向了，因為很多人似乎都急著逃離企業界，而我卻正想進去。

我的介紹連引發聽眾點頭示意都沒有，所以我很快就講到我的「挑戰」，列舉出：第一，我的年紀；第二，擔心自己無法適應企業文化，因為我已開始感覺到企業文化的存在，而我的個性可能過於輕佻、尖刻且不耐，因而顯得格格不入。我說，我覺得我好像應該強迫自己融入一個模子裡。講到這裡，派屈克「喊停」打斷我，這樣的侮辱讓我想都沒想，不自覺地表現得有點過火——我舉起雙手，猛然向後退了一步，好像被雷射槍鎮住無法動彈一樣。**芭芭拉哪裡不對啦？**這是派屈克丟出來的問題，雖然他沒有說得那麼露骨。

首先，他把年紀問題輕描淡寫地帶過。他自己已經五十九歲了（不過在這裡必須補充，一個月後我再看到他時，他說自己是五十八歲）。至於個性問題，對於我居然提出有一個我們必須要順應的企業文化，派屈克看起來很生氣的樣子。「你不能重塑自己。你必須找到一個能夠培育、尊重**你**的地方。」

我打破不得說話的喊停命令，提出反駁，說外面有成千上萬家公司，那麼我要怎麼找到我的那一個「地方」呢？他的答覆是建議我去建立一個可以做我「班底（team）」的「支持團體」。現在我可以正式移動了，他要我回到座位把這些至理名言寫下來。比利大聲告訴我「班底（T-E-A-M）」的意思是「大家一起獲得更大成就（Together Everyone Achieves More）」，而「恐懼（F-E-A-R）」的意思則是「錯誤的證據……（False Evidence...）」，接下來我就沒聽清楚了。派屈克以一種禪學的宣告來總結我的個案：「重點是，事如所想。」

我一方面因脫離眾人注目的焦點而鬆了一口氣，一方面又因派屈克那無用的建言而感到沮喪。就為了這個，我付了一百七十九美元，還一路飛來亞特蘭大？不過接著輪到詹姆士，結果原來他才是教室裡真正叛逆的人。他平靜而自信地描述自己是一個「思考者、溝通者、寫作者、教導者」。簡而言之，他是位「哲學家」。「柏拉圖、蘇格拉底和尼采都死了，但是我還活在這裡。」

場內一陣因震驚而產生的沉默，一會兒後，派屈克才恢復鎮定，問詹姆士的「挑戰」是什麼。

他說：「推銷我自己。」而我則努力地想像這些話出自蘇格拉底之口的情景。

派屈克建議：「你需要更清晰地表達自己。」

其他人則苛刻多了。「重點是什麼？」有人問。「附加價值是什麼？」比利插上一句，另一個人又嗤之以鼻地加了一句批評：「對哲學家可別太實際！」

我忍不住起身為詹姆士辯解。我說，注意了，你們根本是想要把他捏進企業的模型裡！你們不讓詹姆士做他自己！我想要說我這麼做完全是為了想要護衛哲學而非電信，但其實最主要還是為了自我辯白：確實是有模式的存在！詹姆士雖然目前被正式「喊停」了，但他注意到我的支持，堅稱他不會為了融入企業界而重塑自己。活動進行至此，整個小組第一次笑開來。「你喜歡吃東西嗎？」「你中過樂透嗎？」

但詹姆士對我為他辯護的反應引發了我一連串的思考，使我一直到午餐前還能在派屈克的閒扯中有點事做。假如我能把詹姆士拉到我這一邊來，那麼我可能組織所有人群起反抗派屈克和**他的**哲學嗎？或許我可以說服辛西亞，克里斯也很有可能，因為他在休息時對我透露「他很厭倦幫別人賺錢」，「別人」可能包括派屈克在內。不過，比利會是一大問題，因為他似乎和派屈克是同一國的，或至少有點太投入這個課程。

在這魔鬼訓練營裡其他讓人受不了的特點中，我對派屈克的自我吹噓深感厭倦。他說他和電視心理諮商專家及脫口秀主持人「菲爾博士（Dr. Phil）有相同的技術手法」，而且只差少了一個像名主持人歐普拉（Oprah）的贊助者而已。我開始發現，這個魔鬼訓練營是為了替他的個別輔導課程招生所設的，至少有四位營訓學員就是他輔導課的學生。這些已經上過個別輔導的學生，像肯恩，一個四十多歲、外表和藹、整天都沉默不語的人，都被他大肆吹捧，稱讚他們比以前「進步」許多，我們其他人也被暗示參加他的個別輔導。我不明白何以派屈克的個別輔導課學生會在這裡，除非只是為了充人數，讓派屈克看起來比較搶手。至於他的哲學，就是直截了當地責備受害者：不管怎麼說，你的問題是**你**。以派屈克那特別融合了通俗文化與心理分析的洞察，這當然就是他唯一準備要表達的概念。

到了午餐時間，我發現自己是相當受歡迎的女生：辛西亞想和我一起吃飯，比利和詹姆士也是，凱文和理察也尾隨在後。經過一番爭論，我選擇鄰近的奇克炸雞（Chick-Fil-A）餐廳，我們大約有四十分鐘的時間邊吃漢堡、沙拉邊聊天。詹姆士透露他才剛再次拿房子去貸款。比利解釋他正從航空業轉到職涯教練這一行，而且不久就要創立自己的連結小組。當我提到可能搬到亞特蘭大時，他強悍地看著我，以一種暗示我應當立刻把手中的冰飲拿給他的口氣，說：「Tea（茶）。」可是不不不，他解釋這是軍事概念的一個簡稱——思想（Thought）、感情（Emotion）、行動（Action）。同時，凱文正忙著用手機打一些聽來很有物流作業味道的電話。「週六要工作嗎？」「不，」他告訴我：「幼童軍。」

在回旅館的車上，我告訴詹姆士，我很驚訝他提到尼采，因為他在這裡實在有點違和。「派屈克的哲學是那麼地樂觀積極，可是尼采的觀點是」——我努力地思索一個可以把《查拉圖斯特拉如是說》（*Thus Spake Zarathustra*）的作者和派屈克．諾爾斯擺在同一個概念宇宙裡的字眼：「你知道的，有點悲觀。」

「嗯，不管怎樣，他真的很聰明。」這是詹姆士的辯答。

我只好同意，並鼓勵詹姆士無論市儈俗人怎麼說，還是繼續走向他選擇的道路。

午餐後，輪到辛西亞講了。她描述自己「活在刀口上……視生活為一種冒險，」但這口氣中防禦多過虛張聲勢，好像期待有人會指責她。問題是她在房地產業界已經油盡燈枯：市場垮了，而她的收支無法平衡。她奉獻愈來愈多的時間在公司上，卻發現自己每個月的財務狀況愈來愈糟。「我該如何安排我的生活？」是她來到這裡的原因。「我長大後要做什麼？」她對自己想要走的方向有一些模糊的概念：「我是個有群眾魅力的人……很熱情……我想要幫助別人。」

一份報酬不高的工作，想要一份更有利於社交的工作，這些在我聽來都沒什麼特別，但派屈克以心理分析的診斷說法切進：辛西亞得了「輕度憂鬱症」和「與事業完全無關的失落感」。我嚇了一跳，她開始哭了起來，眼淚滾落雙頰，坦承她的父親才剛剛過世，而且幾個月前一段長期的感情才剛剛告終。

派屈克以溫和的語氣坦承，從先前和辛西亞一對一的輔導課程中，他就知道她這些生活的危機，但宣稱他早已「忘記」了，剛剛完全是以她目前的行為來做分析。他直接在她面前坐下，一隻手放在她的膝上，另一隻手往下放在她交叉的腿上，這在我看來好像已瀕臨性騷擾的邊緣了。要治療辛西亞，就要再與他進行一對一的輔導，他敦促她要立即著手進行。至於我們這些人，他建議：「把這件事外推成你自己的經驗。她就是你，你就是她。」換句話說，所有人都需要進一步的輔導。

所以他是設下圈套故意套她的。也許她在個別輔導時曾經哭過，他就知道該按哪個按鈕，因為在團體治療中，再也沒有比眼淚更能賺得熱烈情緒與得來不易的「成長」這樣的虛飾。假如我真的是她，那麼我就有資格痛恨這齣啟發自我的小戲碼。不過，我也很自責，因為她一定很想單獨和我午餐，結果讓其他人成群結隊共進午餐後，我可能就已拒絕掉她請求我這個姊妹支持的邀請了。

辛西亞之後，整個下午就變得索然無味了。室內的空氣在飯後呼氣和除臭劑散發之下變得很悶熱。我的背部因坐太久而疼痛——我這個經驗的「動覺」有問題了嗎？剩下的營訓學員一個接著一個上去又下來。在一家投資公司做了二十年後遭到縮編命運的亞倫被告知：「這不是一件關於找不找得工作的事。」——這個觀察結論重要到讓派屈克一再地重複。「這**不是**一件關於找不找得到工作的事。這是一件關於了解自己的事……關鍵是，亞倫了解亞倫是誰。」

傑森覺得自己四十二歲了卻一事無成，如今還面臨幾成定局的裁員命運，他像我一樣，因為還在提年紀的問題而被責罵：「一切都是內在的——不管你是六十二歲，四十二歲，還是二十二歲……都和外界無關。這始終都是你和你之間的事。」所以我們就被封閉在自身版本的柏拉圖洞穴裡——盲目地與這些派屈克聲稱的自我弱點格鬥，連稍微望一下外面微弱午後亮光都被剝奪了。

下午的休息時段，辛西亞匆促離開，對我遲來的同情只留下悲哀的一瞥。我們圍繞著咖啡機站在大廳中，那裡有一台電視正在播放CNN新聞，播報某位著名總裁接受審訊，我開玩笑地對比利說，以這麼多的企業醜聞看來，公關的需求應該很多。

「我把這一切都歸咎於前任政府。」他嚴肅地說。

「柯林頓的錯？」

「對，他的行為。」

「和莫妮卡？」我有點搞不清楚：「那件事怎麼能和這些上百萬元的盜竊公帑相提並論？」

「柯林頓要為二十七條人命負責。」

「蛤？」我很快在心裡翻找右翼陰謀論的資料。「你是說像自殺身亡的白宮顧問佛斯特（Vince Foster）？」

「還有其他他知道的人。你去查查看就知道了。」

「那布希就不需要為任何死亡負責？」

「那是戰爭。」

我開始要談戰爭，不過話講到一半就止住了。我為什麼要和他辯論？在這裡，除了保持低調並盡可能挖到與工作相關的資訊之外，就沒有什麼嚴格的規定來約束我的行為了。但政治討論已是明顯越界，即使我心癢難耐，好想大肆舌戰一番。

總結時，派屈克在白板上寫下**神奇**（MAGIC）這個字，每個字母向下排列。這也是一個縮寫：做決定（Making decisions）、更負責任（greater Accountability）、成長（Growth）、減少孤立（reduce your Isolation）、適應改變（deal with issues of Change）。他又在白板上寫下另一個版本的EP/PSWB公式，重複PSWB是以「真實性」與「一致性」為基礎的。我終於大膽地問他一致性在這裡指的是什麼，他告訴我那是「表示以一貫的作風行事」。好吧，管它是什麼。那個在九一一後失去商展事業的人雙手朝上表示接受，並提出他自己的結論：「我們已經遇到敵人了，他就是我們。」

我們結業時含糊地約定要繼續保持聯絡，派屈克自己會在下週打電話給我們每一個人：「這是一種負責任的做法。」不過究竟是對誰負責並沒有說得很清楚。我走出漢普敦旅館的大廳，發現天空已經放晴，太陽也已落在假日酒店之後，假日酒店就在幾條街之外，是我行李的落腳處。起了點風，對我新買的時髦薄外套而言，是稍冷了一點，但我還是很高與。是的，派屈克，我們當然要過自己的生活，但我們要靠**某些事物**來過生活。風吹痛了我的臉，人行道隨著我腳下踩的每一步向後推移。畢竟還是有外在世界的，假如你無法感覺自己踩踏在阻力之上，你怎能知道你到底有沒有在動？

接下來的幾週，我的次要任務之一，就是試著更加掌握派屈克奇特詭異的世界觀。假如「沒有什麼重要的外在世界可言，我們對發生在自己身上的事都有責任」的信念，在企業文化裡很普遍，那麼我就應該要知道這個論點，或許還要能詳細解釋。這裡必然有很大的艾迪夫人（Mary Baker Eddy）思想成分在內，還有在她創立的基督教科學派裡具體表達出來的心重於物的哲學。我們也不能忽略諾曼．皮爾和他二十世紀中的鉅著《人生光明面》。不過，派屈克的世界觀最讓我聯想到的是爾夏訓練會（Erhard Seminar Training，簡稱EST），一九七〇年代從伊沙蘭（Esalen）學院的溫水按摩浴缸沸騰而起，湧向行政主管辦公室的流行心理潮流，傳達的訊息是：你，只有你，要對自己的命運負責。這是一個存在已久的美式觀念，也就是說，在和個人意志的力量相比之下，外在的情勢根本不算什麼。

我訂購了一本派屈克推薦的書，書名很誘人，叫做《心想事成的祕訣》（*The Ultimate Secret to Getting Absolutely Everything You Want*），不過內容幾乎完全在講賺錢這回事。作者麥克．賀納基（Mike Hernacki）在一九八〇年代初期此書初版時寫下：一百萬美元是合理的目標。不過，如今「你實在不能說自己有錢……除非你至少擁有三百萬美元。」所以那就是標準所在，那現在該如何達到標準呢？我們必須先承認有些事「可能很困難，甚至連看都覺得很難受」：

「你必須承認，**唯有你**才是你生活中所有遭遇處境的來源。你必須承認，無論你的世界目前看來如何，**唯有你**才是造成現狀的成因。你的健康狀況、你的財務情形、你的個人關係、你的職業生活——全都是**你的**作為，只有你，別無他人！」[1]

唯恐這段感想聽來像是精神妄想，此書封面的文案還宣稱這是皮爾博士和《心靈雞湯》系列書籍作者之一馬克・韓森（Mark Victor Hansen）的共同意見，或至少獲得他們的背書。更糟糕的是，從我個人的立場來看，還有一段文案是出自潘韋伯（Paine Webber）基金管理顧問公司（如今已併入瑞士銀行）的一位資深副總裁，那是處理我的自雇者退休養老計畫（Keogh Plan）的公司。我只希望這家公司的員工還能夠保有一些微弱的理智，知道市場並不完全是他們內在生活的具象流露。

一路讀下去後，我發現我們的思想和欲望如何塑造出我們周遭的世界。「物吸他物」，表示有一種吸引力，把我們的思想連結到實際成就。「無論何時你想著某件事，這個思想就會立刻吸引其相等的有形事物。」因此，例如靠著心裡產生三百萬美元的想法，就能引出一股強大的吸引力量，到附近任何可能的鈔票上，而這股力量在紙鈔愈趨接近時，力量也真的

---

1 麥克・賀納基《心想事成的祕訣》，頁十二、四十七。

會增強。這怎麼可能？賀納基列了一些萬有引力定律的物理學來解釋：

$$F=GM_1M_2/R^2$$

在此，M是兩個相互吸引之物的質量，G是萬有引力常數，R是兩者之間的距離。很明顯地，當R（例如你和錢之間的距離）變小，F（吸引錢的力量）就會變得很大。混淆了嗎？賀納基將為我們消除疑慮：

「現在，假如你能夠理解上述的討論，並且明白此一現象的數學，那麼我要恭喜你。但假如你一個字也不懂，別擔心。你所要做的只是去想這個想法。只要說出這個字，你就已經開始運轉萬有引力定律了。其他的事就會自然而然，以加速的加速自動解決。」[2]

驚人的是，他甚至把這個盜用的物理名詞給搞混了：**加速度**（acceleration）不會加速（accelerating），只有**運動**（motion）才會加速。但是我這麼吹毛求疵做什麼？沒有金錢會以任何速度飛進我的口袋裡。

我放下賀納基的願望實現物理學，拾起布魯斯・道爾三世（Bruce I. Doyle III）所著的

《再思之前》（*Before You Think Another Thought*），亞馬遜網站說這本書在賀納基的讀者群間也很受歡迎。在這本比較薄的書裡，我們不會再看到重力連結思想到其真實相等的物體上，這讓我放心不少，因為思想當然是沒有質量的（也就是說，賀納基的F永遠且不可避免地都是零）。[3]在道爾的體制裡，思想不須依靠任何力量介入就能自我實現，而且之所以做得到，是因為每個「思想形式」其實是「一個運作比光速還要快的……能量微波」。我們實在很幸運，「每一個思想形式的任務，是為了要完成思想的目的」。而它能做到如此是「藉由吸引類似的思想形式助其完成」。你要如何使夢想成真？只要從心靈發射出能量微波即可。道爾聲稱：「科學上，」──很難想到還有比這裡更惡意濫用那個副詞的地方，「你可以這麼認為，把你的注意力集中在意識的能量領域，這包括所有可能的波動，創造你親歷實境的微粒

2　麥克．賀納基，《心想事成的祕訣》，頁九十、九十一。

3　從亞特蘭大求職網轉寄給會員的信裡，還有另一個圖解，顯示把我們的欲望和成就連結起來的是磁力：「深受推崇的神經心理學卡爾．普力本（Karl Pribram）博士，發現……『吸引力法則』（law of attraction）確實存在，並且在每個人的心裡運作。普力本博士發現，任何視覺意象若將所有的細節都想像得很詳盡，會產生一個能量場，開始把符合那個意象的人、想法、事物，甚至環境，都吸引到你的生活中。假如你想像的是一個正面的結果……你就開始運用一股強大的磁力，可以把想望的目標或結果都引入現實。」

（事件和具體化事物）。」[4]

除此之外，這些書解釋了我一直被力勸要採取的「志在必勝態度」的重要性：積極的態度能「吸引」或「完成」正面的結果（視你採納哪一位作者古怪的科學名詞而定），你只需要一點點或根本不用行動就可以做得到。這裡也可以找到我曾問過金伯莉的問題解答：光是裝出必勝的態度就夠了嗎？絕對不夠，根據道爾的說法：

「只是假裝具有積極態度的人可能較易為人接受，但仍會根據他們實際震動的情形而吸引——他們所發散的能量會吸引他們的遭遇和處境。」[5]

我想到開朗的人顯然會如何辯駁：那麼家裡遭炸彈攻擊的小孩呢？在家毀掉之前，他有過炸彈形狀的思想形式嗎？難道我的營訓夥伴是以和裁員相關的頻率「震動」，因而導致他們遭資遣嗎？告訴那些運氣壞到極點的人，說他們的問題完全是咎由自取，這似乎是殘酷到不可原諒的事。我發現我的思想形式集中在想要攻擊賀納基、道爾和派屈克上——把他們拳打腳踢在地，同時指責他們自己無意間招惹上這麻煩。因為，若不是透過他們自己的意志和欲望，事情怎麼會這樣發生在他們身上？

但是從那些擁有權力與高薪工作的經濟「贏家」的觀點來看，個人命運完全掌握在自己手上這個觀點一定更方便。這個觀點以最吹捧的字眼來詮釋贏家的成功，同時也推翻輸家的抱怨。例如，派屈克的學生來到魔鬼訓練營，早就預備好要把他們的困境歸咎於經濟、房地產市場，或公司非人的加班要求。但是這些被告們立刻被駁回，改以個人的缺失為託詞：憂鬱、遲疑、不專注。他所傳達的訊息是，需要改變的不是這個世界，是**你**。那麼就沒有必要聯合起來為更健全的經濟或更人性化的企業環境而努力，或根本就不需要團結。正如一位營訓成員所說的，我們是我們自己的敵人。

不過，要嘲諷這些EST思想的專家權威，對我來說實在太過容易了。在反感過後，魔鬼訓練營的經驗和後續的閱讀，對我身為求職者的角色，有一個明確的教訓，那就是，我做的可能還不**夠**多。假如我找不到工作，而找到工作是我為自己設定的目標，實際上這就可能是我自己的錯。我決心要更努力、更拚，開始運作那些思想形式！我必須更常出去走動、更常連結，而且我要連結的人，得比派屈克集結的不幸成員對我更有幫助。

我搜尋離家較近的連結機會，希望能離實際有員工聘雇決定權的人近些。這時我碰巧

---

4 布魯斯．道爾三世，《再思之前》，頁十八、十九、四十八。
5 出處同上，頁六十七。

看到在瑞奇蒙德（Richmond）有一場「主管網路」聯誼會，時間上還滿方便的，活動的設計是為了幫助「過渡時期」的主管重新充電。我打電話去詢問時，對方問及我的希望待遇，這次，我的積極想法湧現，提出年薪十萬美元。結果，那不過是加入瑞奇蒙德聯誼會所需的一半費用而已；華盛頓還有另外一場聯誼會，比較適合像我這樣的小氣鬼。費用只需三十五美元，加上之前加入主管網路會員及收到每月通訊所交的一百五十元——我猜，以能夠和高層人士連結來說，這點花費只不過是小意思。他們建議我帶四十份履歷，穿著正式的上班服裝。但當我抵達華盛頓時，後項指示因天氣影響而須改變：天氣冰冷，步道上還有一些零星的碎冰，而且從地鐵車站到旅館有五條街那麼遠，所以我穿休閒褲和運動鞋去，不過我覺得上半身穿著還算體面。

啊，甜蜜的享受！聚會是在一間中上等級的旅館舉行，住一晚比漢普敦旅館至少多一百美元，寬敞的會議室裡有整桌的自助餐等著我們：水果與乳酪、蛋捲、串燒沙嗲、咖啡和汽水。一位求職夥伴觀察到，我們唯一缺少的就只有酒了。節目開始前，我們有半個小時的時間可以聯誼，這實在很容易，因為在場只有另外五個人而已，而非原先說好的四十個人，沒有人能夠逃得過我的主動問候。三十多歲、極其蒼白的保羅告訴我，他上週和老闆談話後，如今還震顫不已。老闆警告他，在即將展開的裁員潮中，他很可能會走路，只因為他在部門裡的薪水比別人都高。他的職銜很響亮——企業發展部主任，而且年薪一定超過十萬美元才能當到那個職務。但是以他的個案而言，成就卻帶來反效果。

我也和唐諾談話，他一看到我就說：「我知道我以前在什麼地方見過你！」讓我緊張了一下。在他還沒來得及想到上次一定是在電視上看到我以前，有個人插話、取笑唐諾這種「白痴的搭訕台詞」。唐諾是一位被裁員的行銷副總，有老婆和三個小孩要養。他透露自己經歷過「一些非常激烈的情緒變動。變得情緒不集中，有點逃避現實」。但他似乎吸取過求職界的EST式意識形態，告訴我說：「我現在已經完全超越任何受害者的心態，那是一種機能障礙。」

當我們都舒適地圍著桌子坐好時，今晚的領導員容恩首先自我介紹。他說自己是一位「連續創業家」，開創過各種為企業提供服務的小型公司。他生涯的最高峰大概是服務於共和黨全國委員會（Republican National Committee，簡稱RNC）期間，不過他跟我們保證：「我不會在胸口打著一個大R的旗幟到處張揚。」或許是以防可能有民主黨員在場吧。我不會因此就反對他，但是假如我必須「設計」他（如金伯莉所說），容恩會是一位RNC間諜。他有一張光滑的臉孔，是負擔得起做臉費用的人，衣領緊到整張臉從脖子上令人驚心地脹蹦出來。他說話時，眼睛小心翼翼地從我們身上一個一個地掃視過去，讓我想到多年前一位共進午餐的時代華納公司經理，他似乎總在傲慢與服從間舉棋不定，緊張地盤算著該呈現哪一面。我想到羅伯．羅威爾（Robert Lowell）的一句詩：「一名野蠻的奴僕／從油上悄悄地滑過。」

容恩解釋：「找工作有四種方式：連結、連結、連結、還是連結。」至於在怪物人力網這類求職看板上貼履歷，就省了吧，因為你必須針對每份申請的工作送出特別打造的履歷。我只能猜想那是什麼樣的「打造工夫」，以及偽造的成分有多少。坐在我右邊的褐髮男士提姆，他把容恩的緊繃衣領發揮得淋漓盡致，插嘴證實說，他當了三十年的人力資源部副總，從來就沒有在網路登過求才廣告。唐諾則注意到那些網站都是給「年薪五萬美元以下的人」看的。顯然，在我進入的這個高貴圈子裡，所有的工作都是透過個人關係得到的。

容恩繼續介紹，透露他實際上並不是主管網路的員工，而是另一家叫做麥卡錫公司（McCarthy and Company）的員工，該公司擁有三百個高層級的關係網絡聯絡網。今晚課程的目的就是要教我們如何利用這些門路，假如我們受到啟發，就可以付費給麥卡錫公司而得到使用權。

但是尼爾，一個四十多歲的前媒體經理，帶有澳洲口音和一頭蓬亂金髮，他的一番評論，讓我身處這樣一個舒適尊貴之地的感覺消失殆盡。聽來像是藍調歌曲的風格，他說：「我早晨醒來，『哦天啊，又是另一個早晨』……我沒有任何焦點。」我開始了解，**焦點**，是一個情緒化而不是認知性的代號；失去了它，不只會混淆或分心，還會嚴重憂鬱。如果聽到尼爾如此坦承絕望，派屈克一定會馬上醒來——挖掘尼爾的內心深處、找出深埋的憂鬱、挑戰他去對抗一個人，這個人當然就是尼爾自己了。

不過，容恩對絕望是絲毫不受影響的，他說：專注的祕密是「讓你的求職過程變得好像是去辦公室一樣，不管這代表是去圖書館也好、去朋友家也好，或是到我們的（麥卡錫）辦公室都可以。」此外，你要找一個老闆形象的代理人來「幫助你繼續負責任」。「我們很習慣有老闆盯著、回應某些人，所以你必須建立同樣的動力。」

這個建議似乎無法安撫尼爾，我當然看得出這個建議和四十以上俱樂部所提的是一樣的：把你的求職轉變成一種工作，而且不只是一種自由工作者形式的工作，你必須把這份工作規畫得有條理，完備到找一個人來扮演老闆的角色，最好是像容恩一樣的支薪教練。因此，想做什麼就做什麼、想起床才起床、想穿什麼就穿什麼、讓思緒隨處飄蕩等自由，這些失業的絕大好處也都被排除了。就在你終於有機會可以完全自主，還可能發揮創意之時，雖然只有幾個月的時間，你卻還得編一齣你還在為某人賣力工作的小戲碼。這種情形讓我想到一九五〇年代佛洛姆（Erich Fromm）的暢銷著作《逃避自由》（*Escape from Freedom*），那是一本企圖理解法西斯主義吸引力的書。還有什麼比實際付錢請人扮演你的老闆更遠離自由呢？

容恩將時間開放給大家發問，唐諾問說他是否應該向可能的雇主提到最近讓他三個月無法工作的一場大病。容恩的建議是：「把〔生病〕轉化成對你可能有正面效果的一小段富感染力的說明。」受到唐諾的影響，我大膽地問：「那麼假如你是因為家務和教養子女而失去時間呢？」容恩回答：

「挑戰就在於要成為一個不尋常故事的乞討者。假如那段故事無法幫你弄到工作，你可能就是錯估了它的價值。把它轉變成一段令人難忘的故事。」

乞討者？好吧，或許這的確總結了我們社會上母親的地位。我瞄了一下旁邊唯一的一位女士，但她的眼睛很急切地瞥向容恩。她的履歷寫著，她過去十年來大部分時間都奉獻於某家總部在紐約的銀行，為該銀行把「競爭」的觀念帶到拉丁美洲。這裡一定只有我不了解家庭主婦是這麼一件不尋常的工作，還需要一番有趣的說明呢。我要如何開拓我那「難忘的故事」？我遇到了這個人，然後，哦……

容恩繼續進行到今晚的主菜，不過以他所打的比方來看，這主菜聽起來還比較像飯後甜點。他勸告我們，就業經紀人或人力仲介公司就像網路就業情報站一樣——要敬謝不敏。容恩的「另一半」就是一個就業經紀人，他知道「除非你能為他們貢獻點什麼，否則他們不會為你服務」——這讓我脫離正軌，幻想起容恩的愛情生活。他接著說，就業市場有好轉的現象，但首先這會造成更多的競爭，因為有人想要離開已經找到卻不甚合意的「過渡工作」，這就是「你必須變成香蕉船冰淇淋的另一個理由」。他以低調且不具侵略性的語調說這些話，一點也不像我以前那幾位教練，而只是同輩間普通的資訊交流而已。他所說的概念是這樣的：寫信給商業出版品裡介紹過的主管級人物，告訴他們其公司現階段所需要的是什麼，當然了，那就是你。告訴他們你要如何為他們的公司「提升價值」。「站出去，凸顯自己。你一定要進入香蕉船裡面。」

或許我們已經在這條香蕉船內了，因為即便是容恩自己，有時都覺得情況變得有點太滑溜棘手。在提到「生涯規畫的五大致命傷」這個話題時，其中一大致命傷是「缺乏專注的焦點」，他開始打一個曲折的比方，內容是說你在一個火車站，決定不想再搭同一班火車。也許你想查查看其他火車要開到哪裡；或是想搭上同一班火車，但要在另一站下車。然後他轉移話題談到價值，告訴我們：「多數成功的競爭者都會提到他們的價值。」但價值是什麼？「價值和道德並不一樣。貪婪可以是一種價值。」或許是為了聲明起見，他告訴我們：「男人對想像這類的事情都不是很在行。」

但這裡也有不少各式各樣有用的資訊，我很努力地把它們記在我的筆電裡。要求別人給你們的關係門路，如果他們真的給了你，要用很好的信紙，親手寫一封謝函給他們。買枝鋼筆，萬萬不可用原子筆。倘若你得不到實際面談的機會，至少要求一段二十分鐘的「關係面談」，目標是從別人那裡探聽些許門路。永遠要穿西裝打領帶，女性則是同樣體面的服裝，即使週末也一樣，說到這裡，容恩好像給了我帶有警告意味的一瞥；我想我的運動鞋被注意到了。隨時隨地連結關係。有一個人「撈到一份工作」，多虧他某個週六早上在便利商店的連結；幸好，當時他衣冠楚楚。

在上廁所和續盤加菜的休息時間，保羅在走廊上把我叫住，再次覆述他的故事，只是在這次的版本中，他的老闆是昨天警告他即將來臨的裁員行動，而不是一週前。我覺得他沒有說謊，我認為他老闆這席惡意的話填滿了他的腦海，占據了所有記憶中空白的時間。他還有機會再覆述這個故事，因為最後一個小時我們要發表三分鐘的「廣告」——類似金伯莉和瓊安所推薦的「電梯演說」，只是版本較長而已。我敬畏地聽著求職同伴們起身簡述他們的職業生涯，管理上百萬的帳目、推動新產品與新科技、重振垂危的企業。而我不但穿著運動鞋，還似乎走遍世界卻連個痕跡都沒留下。

這次我算是有備而來，不過還沒背好講稿，得寄望在場聽眾喚醒我表演的衝動。我說公關與活動策畫和我有極緊密的關係：我的活動上過新聞，而我的新聞記者會就是**活動**。至於講稿撰寫，不是我愛吹牛，但坦白說，我發現如果是由我來寫主要演說稿，活動就更有看頭。照先前的決定，我暗示了幾個因保密協定不得洩露的成功案例。目前身為許多名人政要合作的公關，我說，我專長於酗酒問題和憤怒情緒管理議題等高難度的案件。酗酒問題是在金伯莉要求我把職涯以叫做「PAR」（問題/行動/結果，Problem/Action/Results）的形式寫出來時想到的。有一次我為新書巡迴宣傳時，隨行媒體宣傳講了一段八卦，說某位知名的食譜作家已經喝到第五杯伏特加了還欲罷不能，結果在漫長一天接連不斷的訪問下，要勉強讓思緒連貫有多麼費勁！金伯莉覺得這個「問題」不適合寫在履歷上，但這是我唯一想得出來的問題。我停下來，讓我的聽眾想像我靈巧地趕牧一群醉酒無序的名人，然後總結說，我向來都是以謹慎、創意與狡巧來處理這些案例。

狡巧這字眼似乎引起他們的注意，我在想是否應該再次使用。唐諾建議我要透過公關專業協會來做關係連結，不過到目前為止，我只知道一個這樣的網站。容恩答應要用電子郵件寄一個連結管道給我。

最後，輪到提姆講話了。他可不只是做普通的人力資源而已，他還是工作破壞者，不過他沒用這個字眼就是了。他的履歷上列出一些他曾經起身對抗且擊敗的工會，而且他特別在「廣告」裡強調這些勝利。尼爾自從透露自己早晨起床的問題後，大半時間都保持靜默，這時他問提姆，如果他找不到另一個人力資源的工作，是否願意考慮為勞工工作。我言不由衷地咕噥說，以提姆的經歷，在華盛頓當地的美國勞聯—產聯（AFL-CIO）也許會大受歡迎。提姆頓了一下，才說：「願意。」接著他又想了一會，費力地吞吞口水，一再眨眼睛，才說：「可能不太好，這要調整很久。」

所以在這種情況下，提姆還是堅持原則，真讓人驚訝。無論有什麼誘惑，他依然忠於經理階級的工作，就像我假設容恩會拒絕民主黨國家委員會的工作邀請一樣。而我卻完全沒有原則。假如惠氏公司，那家製造了可能導致上千宗乳癌案例的荷爾蒙替代藥物的公司，給我一個防止危機惡化的媒體補救工作——嗯，在這項計畫的條件下，我會接受這份工作。不過照事情發展的情形來看，就像美國勞聯—產聯不太可能開價迫請提姆一樣，情形似乎已不是那麼樂觀了。

Chapter 4

The Transformation

改頭換面

容恩要我們擬定一套「冬春進攻計畫」，我發現這個軍事比喻很古怪地讓人感到安心。這不只是「態度」、希望或發散致勝能量場之類的事情而已；相反地，一切皆取決於冷靜的戰略邏輯。我決定，我需要一套三階段的計畫，因為西方文化裡，重要的事物都是三個一組分類的。每一位演說家都知道：兩項要點沒什麼說服力，四項則過於冗長累贅，而三項要點則不多也不少，表示圓滿完整。計畫的第一階段，如容恩所強調的，又是關係連結——持續而不倦怠、熟巧並精挑細選，不屈不撓且堅持到底。

既然我有機會回顧過去，我才發現我從容恩那裡學到的是，找工作就好像是要獲得國中生小團體的接受認同一樣。那裡存在著一些掌握工作又有授與他人同等地位權力的人，我的任務就是要滲透到這群菁英之中。由於我在中學時的實際地位從未晉升超過討厭鬼和書呆子，所以我並沒有和菁英打交道的經驗，不過像這樣毫不留情地檢視我想推銷的「產品」也還算合理。我的履歷終於被瓊安評為「佳」，也許只因為我們的輔導課已經結束了。不過現在我擔心的是包裝問題——我的外表。社會學家羅伯特．傑柯曾評論：在企業經理人的世界裡，「在最廣義的情形下，外表代表一切。」[1] 而且，假如要符合履歷所設定的水準，那我的外表就需要仔細重新評估了。

幸好，我從網路上得知，有些公司可以為我做這樣的服務，我打了一通電話給其中一家位於亞特蘭大的形象管理公司（Image Management）。接電話的人問我是要做「身體語言還是彩妝」。我說，兩個都要，我要整套。他告訴我做一次三小時要兩百五十美元。就把這個當成「冬春進攻計畫」的第二階段吧：產品提升。

那第三階段呢？一個已經升級的人假使沒有搭配一套升級的行銷策略，也是沒有用的。為了達到這個目的，我閱讀了安德雅．尼倫伯格（Andrea R. Nierenberg）所著的《連結不止》（*Nonstop Networking*），封面以大寫字體介紹作者是一位「連結皇后」。這本書的目標市場，和廣告上治療「社交焦慮症」的抗抑鬱劑市場，好像是一樣的。尼倫伯格寫著：「站在門口，」沒有注意到文法上那是一個獨立分詞，「連結活動有時看起來可能滿可怕的。」訣竅是要把連結的過程拆成好幾個「小步驟」，例如「確立眼神接觸」和「提出開放式問題」。假如你還很緊張，你可以「用稿子」，排練到「駕輕就熟的程度」。[2]

作者也提供了用來打破僵局的破冰問題例句：「你為何要來這場活動？你在哪裡工作？你從事什麼行業？你住哪裡？你參加過其他哪些活動？」[3]我看著封面上尼倫伯格的照片——灰色外套與精緻的銀色項鍊、深色的唇彩和過濃的眼影，讓她看來有點昏昏欲睡的感覺，我想像自己以「你參加過其他哪些活動？」這個尖銳的問題逼近她。

我決定前往亞特蘭大的形象管理公司上一次諮詢課程，之後我才想到，後續還可以造訪一下派屈克，他後來真的打電話來詢問我還需要什麼樣更進一步的輔導，不過我當時不在家。這一趟旅程，我要好好利用刊登在亞特蘭大求職網站上的所有連結活動，不再害羞或驕傲地沉默寡言；我決心要成為一個連結狂。

我在市中心預訂了一間最便宜的旅館，一個晚上竟然便宜到只要五十九美元而已，我還租好了車，再打包我所有還稱得上「專業」的服裝，幸好一個小行李箱就夠用了，我甚至還塞進一台筆電。為了以防萬一，我出發前一晚花了點時間看我在魔鬼訓練營買的一捲派屈克的錄影帶，內容是如何找到自己「生涯的致勝點」。它的內容實在是有夠爛的，爛到讓我開

---

1 傑柯，《道德迷宮》。頁五十九。

2 安德雅·尼倫伯格，《連結不止：如何提升你的生活、運動與事業》（*Nonstop Networking: How to Improve Your Life, Luck, and Career*）。頁七十七至七十九。

3 出處同上，頁十八。

始充滿一種可笑的自信。畫面中派屈克正在對大約二十位背對攝影機坐著的成人講課，他喋喋不休地高談闊論著，直到他開始講一段我沒聽過的故事時，才引起我的注意。內容提到他曾經擁有一百萬美元，然後，嗯——他的眼神從鏡頭轉到牆上，顯然那一百萬從他手中溜走了。裡面的情節有時會被字卡打斷，通常都是三個重點列表的形式。我看到一半就覺得無聊而放棄了，後來才想到我是一名公關人員，而派屈克最迫切需要的人，就是**我**。

這個計畫在我出發的前一天成形。派屈克會以為我是來上諮商輔導課的，但實際上我是來向他提出雇用我的建議。最好的結果就是他真的雇用我，而我就這樣結束無業生活。或者，他會對我印象深刻而邀我加入他的祕密聖所——主管桌，那是他介紹最有前途的求職學員和當地的商界領袖認識的地方。或是當然了，他可能只是嘲笑我，把我趕出辦公室，但至少我會獲得一些「推銷自己」的珍貴練習。所以現在這「冬春進攻計畫」終於有了必要的三階段要素，我列之為「關係連結」、「改變自己」（就是產品提升的部分），以及「推銷自己」。不過，我不確定後兩項是否算是各別獨立的項目，因為就心理上來說，要「推銷自己」，就必須將現在的自己徹底改頭換面。

我在亞特蘭大的第一次連結活動實在讓我太失望了。我住進旅館，發現它便宜是有原因的——又髒又亂，唯一可以吃的食物是櫃檯旁冷凍櫃裡的史托福（Stouffers）微波食品。

但至少我還有冰箱和微波爐、一台電視、一張桌子，再加上大廳裡有一台連接到印表機的電腦，可供旅客使用。我開車前往連結活動的場地——位於北郊的蒜烤餐廳（Roasted Garlic restaurant），天色還亮著。這場活動是我透過亞特蘭大求職網得知的，是針對主管階級求職者舉辦的活動，贊助者叫做待職休息室（Layoff Lounge），還真名符其實。在大蒜和休息之間，我預期的是一個歡樂的場面，或許還可以吃點像樣的食物。

蒜烤餐廳位於一家了無生氣的購物中心內，多數店面這時都已打烊了。這是一家陰暗、偏僻的義大利風格餐廳，店內大多數活動都圍繞著吧台進行。我被帶到一個房間，裡面大約有三十個人圍坐在長桌四周，面對照例會有的投影布幕。這群人形形色色，年齡從三十多到五十多歲都有，多數人的穿著打扮都是商務休閒風格，還有不少黑人面孔。

不過，除了私下或閒暇時間外，我們根本就沒有連結的機會，還得聽兩小時的簡報課程。為防這樣仍不夠清楚，他們還給每人一本筆記，標題為「克服主管職業更動的祕訣」，裡面包含與PowerPoint相同的紙本內容。抬頭你會看到：

一、應付生涯過渡與改變的策略

A了解你目前的情感需求

B掌握控制權

低頭你看到的是同樣的內容，當然囉，除非你已經先翻到後面去了。不過我們的眼睛忙著看上看下也好，因為這裡糟糕又寒酸，連一丁點名菜的氣味都沒有。後面牆上的假長春藤攀緣在棚架上，我面對一幅描繪海邊市景的織錦畫，場景可能是義大利的海邊吧，充滿暗紅與褐色的沉鬱色調。只有一道簾幕遮掩了樓下吧台的景致，但卻擋不住吧台傳來的低語和偶爾的笑聲與喧鬧聲。

介紹的內容證實了中產階級的生活的確是大幅度衰退：主講人告訴我們，「職涯變動」，或者更精確地說，失去工作，這是無可避免的，一生中會遇到好幾次，而且貧窮總是伴隨而來。該如何應付這些情況？接下來提出的資訊非常有用卻很累人，包括在沒有薪水入帳的情況下，如何繼續維持401（k）退休年金計畫（雇主支援的私人養老金計畫）、健康保險以及信用評比等，同時還有一些小訣竅：舉辦庭院二手貨拍賣會以賺取現金，並利用這種場合和鄰居連結、刪減小孩的零用金、不要外食，而且與別人連結時，安排在早餐而不是午餐時段，最好在星巴克喝杯咖啡就好。我們的主講人是位理財經理，他長得很像亞歷．鮑德溫（Alec Baldwin），但少了那份性感，他告訴我們：「你每省下二十元，就是在替你的救生艇賺到一塊支架。」

活動中也有苦中作樂的幽默時刻。提到退休金這個話題時，他問在場有些對活動嗤之以鼻、態度有點不屑的聽眾：「現在還有人聽過退休金這個名詞嗎？」[4]

談到健康保險，他說：「COBRA（編註：cobra原意為眼鏡蛇，在此指統一綜合預算調解法案〔The Consolidated Omnibus Budget Reconciliation Acts〕的縮寫。）：它不是蛇，但當你看到保險報價單時，它看起來還真像蛇。」不過，往好處想，有些階級特權的跡象在無業的狀況下還得以倖存。他安慰我們：身為主管，「我們不是被革職或失業，我們是『處於過渡時期』。」這個僅存的優勢可用在要求租賃公司寬限幾個月時。這名貌似鮑德溫的主講人說：「在這裡，你是個主管。」所以你去租賃公司談判時大可不必「縮頭藏尾」。

到了休息時間，雖然主辦單位先前禁止外食，但還是鼓勵我們叫些菜來吃。主講人告訴我們，這家蒜烤餐廳是「鄧伍迪地區（Dunwoody，編註：亞特蘭大最富裕的地區之一。）的最高機密」。但試吃一道佐以康寶濃湯口味醬汁的老雞胸肉絲後，我可以向大家報告，要保住

4 退休金已經成為過去式了。一九七九年，美國大於八〇%的勞工退休時，都有一份福利闡明的退休金；到了二〇〇一年，只有比四〇%多一點的人享有同樣的退休金。（愛德華多．波特和瑪莉．華許〔Eduardo Porter and Mary Williams Walsh〕，〈退休金和福利縮水後，退休成了中途休息站〉〔*Retirement Turns into a Rest Stop as Pensions and Benefits Dwindle*〕，《紐約時報》，二〇〇五年二月九日。）至於健保問題，根據一九八六年的統一綜合預算調解法案規定，被合法公司裁員的勞工，如果支付一〇二%的保險費，就可繼續享有原公司的健保十八個月，由於這些高額開銷的關係，五個人當中只有大約一位勞工受益於COBRA計畫（www.familiesusa.org.）。

這個機密我絕對靠得住。我和坐在我右邊三十多歲的金髮女生莉亞・葛雷聊了一下，她和我一樣深感失望，覺得這根本就是一個完全沒有連結機會的活動。議程裡沒有任何討論時間，也沒有時間給大家輕鬆地分享故事和小道消息。

莉亞遞給我一張名片，上面看起來好像印了一張迷你履歷，列的大都是難解的代號，像LINUX和SAP。她還告訴我，她已經找資訊科技相關的行銷工作六個月了，幾乎每個晚上都去參加像這樣的活動。我問她什麼樣的活動可能最有助益，她說可去的地方很多，但很多都「具宗教性質」，而且對門路都沒有什麼特別的用處。在其中一場關係連結活動裡，一個主辦人問她，要她透露她在哪裡「做禮拜」，她很憤怒地掉頭就走。她趕緊跟我保證說，連結活動帶點「宗教性」沒有什麼不對，只是那並非她參加活動的目的。

不是每一個計畫中的連結活動我都能如期參加。蒜烤餐廳聚會的隔天晚上，我前往市中心的一家聖公會堂（Episcopal）參加連結聯誼會。到了那裡，一位好心的牧師告訴我會議時間有所更動，而且她看似已有所準備，要免費提供我一夜膳宿。我趕緊回到旅館，用網路地圖搜尋猶太會堂和平之屋（Congregation Beth Shalom）的地址，那裡據說有一場「生涯專家」（Career Mavens）的會議，但我要八點才趕得到，而會議在八點半就結束了。隔天早上還不到六點我就起床，開了四十五分鐘的車程抵達位於城西的金圍欄自助餐廳（Golden Corral），但餐廳連門都還沒開，而裡面拖地的店員完全不曉得會議可能會在何處舉行。

即使行程上有這些空檔，我的旅程就像這樣，還是忙碌得很。衣服必須維持在見得了人的程度，食物也得張羅，這和原本預期「市中心」地點的方便性，實在相差了十萬八千里。在旅館方圓兩條街內，我可以在西洋棋超市（Checkers）買到漢堡，或是在一家運動風的酒吧買到大一點的漢堡和沙拉。我花了很多時間在計畫接下來的行程，靠著網路和兩張買來的地圖，小張的有薄膜包覆著，大張的在房間的昏黃燈光下幾乎看不清楚。我知道應該和每個遇到的人連結——旅館裡無精打采的歐洲遊客（他們可能把亞特蘭大和亞特蘭提斯或其他更有吸引力的地方搞混了），或是來酒吧享用優惠時段的顧客。但是當一天結束時，我什麼都不要，只想給自己倒杯啤酒，獨自關在房間裡，什麼事也不做。我到底是如何在MBTI人格類型測驗上得到了「外向」的結果？這個謎實在愈來愈難解了。

結果形象管理公司位於一間看起來像翻新過的倉庫頂樓。溫文儒雅、穿著整套西裝、打著領帶的普瑞斯考特在門口迎接我，並介紹我認識他的合夥人——我後來才知道，他是一位年輕的阿根廷人，讓人安心的是，他的穿著是難以歸類的都會休閒風格。我還來不及瞄一下這個頂樓的格局，就被帶到一間無窗的諮詢室去，但我注意到室內是以一些皮毛和第三世界的手工藝品裝飾，簡直就是把**同志**寫在臉上！我希望他們的形象管理敏感度和他們的室內裝潢品味一樣地同志化——因為他們幾十年來受迫於環境，已經慣於「偽裝」，而這正是我目

前的課題。

羅伯特．傑柯的著作給我一種印象：企業界的穿著不光是遮蓋身體而已，還有更重要的作用。他寫著：「適當管理自己的外表，很容易就讓上司知道，你對進行其他的自我調適是有所準備的。」[5]透過正確的穿著，連配件都講究，就是讓大家知道你在其他方面也很樂意順應——例如，你可以遵從指示，並融入「主流文化」裡。可是，首先我得了解我要順應的主流文化是什麼。

當然，我已經讀了一些「如何穿出成功」的書，而且學到其概念就是要穿得好像天生就屬於中上階級的成員一樣。在這個領域的頂尖專家約翰．莫洛（John T. Molloy），在他的書《穿出成功新女性》（*New Women's Dress for Success*）寫著：「主管辦公室是上流社會商業俱樂部，為了打入這個圈子，你就必須穿著俱樂部的制服。」[6]他建議讀者養成一種購衣前的習慣：先到昂貴的精品店偵查，看好適當的質料與型號，然後才去比較買得起的店裡實際購買。我覺得在高級這一點，我已經掌握得差不多了——例如柔和的色彩、沒有花樣的布料，還有天然纖維的質料。但我的觀察大多來自學術界與出版界，他們對個人表現有滿危險的極大寬容度，飄逸的圍巾、發縐的亞麻布和大搖大擺的耳環都是能被容許的。

然後還有傷腦筋的性別問題。所有的書都提出類似的警告：女人在服裝上要及格，可比男人難多了，部分原因是女人的「制服」不像男人的已經標準化了，所以女人比較容易穿錯衣服。但問題似乎不只如此，還要深入到性別的生理基礎問題上：讓男性具有性吸引力的特徵，如英俊外貌、高大身材、低沉嗓音等，在辦公室裡也同樣占優勢；但女性的性吸引力卻會徹底破壞女人的事業。及肩長髮、過度露腿，或是「太豐滿」的胸部[7]，都會破壞女人的可靠性。美麗本身就是一種缺陷。

「美麗的年輕女性很難讓人嚴肅看待，特別是對男人來説，大多數男人甚至拒絕視她們為專家或權威人物。此外，美女被兩性同樣視為沒大腦——或至少是無足輕重的。」[8]

我知道在「過度性感」、「過於豐滿」或美若天仙這些方面，我沒有什麼問題，但顯然

5 傑柯，《道德迷宮》。頁四十七。

6 約翰．莫洛，《穿出成功新女性》，頁十六。

7 出處同上，頁四十三。

8 莫洛，《穿出成功新女性》，頁一七五。

對任何年紀或任何情況的女性來說，身為女人都是需要抱歉的。9

普瑞斯考特到廚房為我們端咖啡時，我試著瀏覽一下他遞給我的紫色筆記本，封面標題寫著：「芭芭拉‧亞歷山大（名字是手寫的）的個人形象提升計畫」。分隔我們座椅的邊桌上有個古怪的小東西，分散了我的注意力，上面還擺著四根點燃的小蠟燭，和一座真的有水在流的噴水池，但我還是強迫自己讀下去，發現第一頁寫著：「激發你來做形象管理的動機是什麼！」不是個問句，但還是出現類似答案的句子：

「你在市場上的**曝光度**、你為了成功而對他人的**依賴**、以及你與這些依賴**接觸**的頻率，這些是你應該發展並維護專業形象的三大理由。」

還滿合理的，因為在我踏進的這個世界中，人們不僅在表現上，同時也在「形象」上受人評斷。而且，筆記本上還很有先見之明地指出：「你必須了解，你在他人眼中的形象，完全掌控在你自己手中。」

就像看牙醫前我會特別刷牙、剔牙一樣，今天我也特別打扮了一下：刷了睫毛膏和眼線、塗了口紅外加亮麗的唇蜜、穿了外套和休閒長褲、剪裁合身的粉紅襯衫，還搭了一條柔灰色的絲巾。只是此刻在等普瑞斯考特回來時（我可以聽到他在別的房間接電話），我裝扮上的許多缺陷逐一浮現。在旅館房間暗淡的燈光下，我原以為我的褲襪是黑色的，其實是海軍藍，雖然我的外套是黑色的。我十五年前花了十九塊美金買的手錶，錶帶和錶面已經不相襯了。然後還有休閒褲的問題：其他衣飾都是安・泰勒服飾店（Ann Taylor）的款式（當然是大減價時買的），但這休閒褲卻是在GAP的特價櫃買的，我現在才第一次看到，它的拉鍊並沒有完全拉上來。如果我穿的是平時的罩衫，這就沒什麼關係，但現在這件襯衫卻必須紮進褲子裡。那麼鞋子呢？單調的平底鞋；還有這對「珍珠」耳環呢？我在邁阿密機場買的，三對十元。

當普瑞斯考特端著咖啡回來時，我大致說明我的情況。我做「顧問」已經好幾年了，現在必須在企業界重新界定自己，但不太清楚該如何進行。我又說，雖然我不打算這麼做，但我擔心別人不會對我產生什麼視覺印象。這種印象——其實就是一種印象的印象，源於多年前一家報紙對我的介紹，把我形容成走進房間不會有人注意的那種人。當時那看起來還是不

---

9 阿曼達・史貝克（Amanda Spake），〈穿出權力〉（*Dress for Power*），《華盛頓郵報》，一九九二年一月五日。一九九二年，《華盛頓郵報》引述哥倫比亞大學研究性別角色的心理學教授哈維・霍斯坦（Harvey Hornstein）的話：「對女人來說，這讓她們左右為難、進退失據。假如她們穿得很『女性化』，男人就不認為她們可以勝任這份工作；假如女人不去扮演陳規的刻板角色，那麼男人就會抱怨她們不夠『女性化』。」

錯的消息，至少我已經摸索出如何融入人群；但現在我得讓與我會面的人留下一點印象。普瑞斯考特贊同地點點頭，並恭喜我找上他：「有些求職者忽略了視覺的影響。」

接著，我坦承自己對於企業穿著的概念大多來自紐約和舊金山，那裡以黑色為基調的極簡派風格仍然盛行；但在亞特蘭大，你可以看到許多亮紅帶點金色的搭配。他贊同我的觀察，又說在企業服飾上不只有區域的差別，各家公司風格也不同。有些公司極端保守；有些公司他則稱之為「創意企業」。面試前先明瞭這些規則才是明智之舉，畢竟你若想看起來像個「隊員」，就要連隊服都注意到。想知道公司的標準是什麼，可以研究一下公司網站裡任何女性主管的照片，或打電話請總機人員告訴你那些女強人都穿些什麼——當然了，我突然間想到，除非這名總機人員痛恨那些女強人，於是惡意地建議我穿燈籠褲和緊身上衣去應徵。

現在，我們進行到手邊的材料了，就是我。就像我經歷過的許多輔導一樣，他一開始就把我歸到某種「類型」，只是這裡不需牽涉到測驗，只有普瑞斯考特快速地整體觀察而已。他宣布：我的身材是「方型」的，我的臉型則是「菱角」臉。我以為這表示我的頭是尖的，但事實上指的是我的顴骨。這些都「太好了」，我可以保持原狀。我的頭髮、甚至連那對三塊錢的耳環也都順利過關，都可以保留。至於我的整體造型，有四種可能性：「古典型」，適用於總是穿裙子的人，「不太有靈活性，而且有點共和黨員的傾向」；「浪漫型」，這種人「喜歡飄逸的質料」；「戲劇型」的人「喜歡破壞規矩」，而且常常都很「古怪」；還有「自然型」，這種人「喜歡戶外活動，想要拯救貓頭鷹和樹木。喜愛有紋理的質料，而且不穿花俏的衣服」。結果我屬於自然型，這似乎讓普瑞斯考特很高興，因為「不須做太大的改變」。就流行時裝而言，我是張未經塗抹的白紙。

我的第一個問題是，「方型」身材加上合身的襯衫和翻領外套的直線條，剛好給人一種「太過權威」的印象。「你要看起來和藹可親，而不是令人畏懼，這樣別人和你共事才會感覺自在。」這就表示要有曲線，而不是直線。

解讀這個診斷後，我才明白我看起來還不夠女性化。[10]說真的，這讓人很困惑。那些穿出成功的書都鼓勵我外表要穿得有點男性化，可以用樸素的髮型和遮掩曲線的套裝達到這個目的。但普瑞斯考特說，假如弄得過於男性化，就會顯得怪異。一件合身的襯衫到底有什麼

10 辛西亞．鮑曼（Cynthia Grant Bowman），〈辛普森殺妻案的流行較量〉（*Fashion Weighs in on Simpson Case*），《芝加哥論壇報》，一九九四年十月三十日。瑪莎．克拉克（Marcia Clark）是辛普森（O. J. Simpson）殺妻案的檢察官，受到類似的評斷。根據《芝加哥論壇報》的報導：「自從一個陪審團顧問組成的焦點團體批評她外表和表現風格後，克拉克就改變了她那高度成功的造型。她改變她的髮型、穿著和個人風格，變得比較柔和、更女性化、更溫和也更開放——簡而言之，比較不像那個盛氣凌人的審訊律師，反而比較像是刻板印象中的女人。」

威脅性？根據我以前做過業餘歷史學家的經驗，我想起低下階層的人常用模仿作為嘲弄的一種形式，例如有些十九世紀被殖民的非洲人和被奴役的加勒比海黑人，喜歡在慶典上戴著英國軍官的徽章，大搖大擺地走來走去。也許一個女人過度男性化的上班穿搭，所表達的是同樣的訊息——對男性主掌的企業階層的祕密嘲弄。

「說到身體語言，」普瑞斯考特接著說：「你手交岔抱著腰的樣子，看起來好像在克制什麼一樣。」

這倒是真的。我放開一隻手，往前伸去拿咖啡杯；但另一隻手一定得留在原位，遮掩拉鍊的縫隙。

「還需要一條項鍊來製造整體感。」他繼續說。

我提出反駁，我的上半身已經有眼鏡、耳環、絲巾和胸針彼此爭奇鬥豔，再加上一條項鍊就有點過火了。但事實相反，項鍊顯然具有調和的作用，而不是爭豔的對手。

他繼續數落我的缺點，快到我幾乎來不及寫下來：你不可以穿休閒褲配一件不搭調的外套，上半身和下半身必須是同一款式，或許像軍隊制服更好。還好，他對手錶沒說什麼，只是委婉地建議我要換一個大一點的錶面，最好再配一條金色錶帶。

接著他講到整體的顏色搭配，這使我大受打擊：我絕對不可再穿灰色或黑色的衣服，因為這些顏色使我看來臉色蒼白。這個批評簡直判了我裸露之刑，不是因為我想要追求一九九五年那種酷酷的紐約風格，而是因為我全部的服裝不是黑色就是灰色。實情是我很容易打翻東西，所以桃色或黃色的衣物我都不曾穿超過兩、三次。即使我的挪威籍發行人送我的那只保守銀質胸針，都被普瑞斯考特認為「不夠專業」。一直以來，我都認為自己是位外表絕對過得去的中產階級專業人士，沒想到實際上竟是個衣著不合身、邋遢凌亂的人。

假如普瑞斯考特不是那麼完美的話（恰到好處的衣著打扮、謹慎周密的舉止），那麼這些可能就令人難以忍受。我有很多藉口可以搪塞，不過我當然不會強迫他接受。最主要的理由是，身為作家，我沒有必要為工作而打扮，可以只穿運動服，或是乾脆什麼都不穿；而當作家試著「盛裝打扮」時，身邊的人通常都賦予他們很大的空間。我記得有一次和詩人兼短篇小說家葛瑞絲．裴莉（Grace Paley）參加一場宴會，她穿了一件寬鬆的粉紅色印花洋裝出席。我讚美她時，她坦承那是一件睡衣，仔細看還滿明顯的呢。

普瑞斯考特完成評估後，把我帶到第二間無窗的小房間。我們坐在櫃檯前，面對鏡子，討論化妝品的問題。他要求看一下我目前所使用的產品，所以我展示化妝包裡的東西，好像機場的安檢一樣：兩條口紅、一瓶潤色保濕乳液、粉餅、腮紅、睫毛膏，還有一枝眼線筆。「**液體**眼線液？」對，難以置信這樣就夠了。這些大部分都必須丟棄：口紅裡暗含看不到的灰色，這會使我看起來暗沉；腮紅是另一個帶有致命灰色的產品。真不好意思，我的粉餅表面有點微微隆起，他認出那是由我皮膚油脂滋養而成的細菌菌落。所以，原來我一直都用細菌殘渣在臉上塗抹！我看得出來，除了兩百五十美元的諮詢費外，我又得花一大筆錢在他特別介紹的化妝品上了。

他用他的產品靈巧地幫我化妝——我必須說他化得真不錯，然後他把某種短上衣布樣圍在我的脖子上，上面有一層層不同顏色的樣品，一次把一個顏色轉到前面來，所以我看起來就像依序穿著褐色、黃色、綠色、紅色、橘色、桃紅色等不同顏色的衣服。他轉到一塊禁用的顏色，然後說：「看到沒？這個顏色讓你看起來很蒼白。」我同意自己看起來就像山頂洞人或一具屍體。然後他又給我看一個「好的」顏色，並堅持要我承認那飽滿甜蜜的色調使我的臉色明亮。雖然就我所見，我看起來有點像得了結核病，但我還是再次點頭附和。

玩玩色彩和布料樣品，應該是有趣的，但我突然覺得一陣噁心。我了解，為了讓自己變成一個可銷售的「產品」，首先就必須把自己變成一項商品、一樣東西。我後來推斷，這陣噁心感可能只是我在西洋棋超市買的午餐培根雙層起司漢堡在作怪，但灰白的臉色顯然是專業化妝工夫的成果。我不明白的是，為了變成一件物品、一樣東西，竟得先經歷一種類似死亡的過程。

我找了藉口說四點有個約會，然後買了價值五十五塊半的化妝品，向他保證我隨時可以透過電子郵件訂購更多他精選的產品。在他允許下，我得以保留自己的睫毛膏。然後我回到旅館、停好車，開始漫無目的地走過辦公大樓和正值優惠時段的餐廳，穿梭在不知名的街道和市區公園，直到臉上的顏料在雨中溶化殆盡。

第二天下午，我開了一個小時左右的車到亞特蘭大城外去找派屈克。原來他的辦公室位於一座以金考影印中心和奇克炸雞店為陣容賣點的購物中心內。我在炸雞店裡灌了一杯冰紅茶，穿了和去形象改造時一樣的衣服，在洗臉台上用水洗了一下襯衫腋下部位，感覺清爽些，再用烘手機烘乾。我還背好了談話重點：他為何需要我、我能為他做什麼、還有美好的前景。這個策略是根據一些求職手冊的建議想出來的，書中建議你事前要徹底研究雇主，然後再利用面談的機會，談談你能為公司做些什麼，而不是喋喋不休地吹噓自己。例如傑佛瑞．福克斯在《別為找工作抓狂》中，用勉勵的語氣解釋：「公司可能不知道它需要你。」[11]——直到你略述了「可改進公司的五、六種方法」之後。液壓油滲漏？運輸時間過長？你把這些缺失指出來，然後解釋你會如何修正這些問題。

我一走進他位於一家外帶中菜餐廳樓上的辦公室時，就發現這個計畫完全不如預期。我想像的是一間辦公室**套房**，至少有一位接待人員，而且有一間交誼廳之類的房間，可以讓主管桌的內部工作人員偶爾小聚、喝咖啡、吃可頌麵包。但應門的是派屈克本人，門縫露出一

11　福克斯，《別為找工作抓狂》，頁三十三至三十五。

間只有衣物間大小的房間。他看起來明顯比魔鬼訓練營那位口才流利的專家退化了許多：他穿了件運動衫和牛仔褲，彷彿是故意蔑視企業界的禮節；臉看起來有點腫，一副剛被煮熟的模樣。

我在沙發上坐好後，他問我求職的情形如何。有那麼一刻，我被一種「推銷員之死」的感覺所震懾，幾乎說不出話來。我實在應該找個藉口逃走的。我應該在魔鬼訓練營裡承認有更大的「障礙」，而接受正常的輔導課程才對。在我看來，他甚至連一名清潔工都請不起，不過即使清潔工想清理，可能也找不到一塊乾淨的地方著手就是了，桌上、地上到處堆疊著大眾心理和自我提升的書。但是我已經安排好要按計畫行動，而且不能離題。我就像一個走到跳板盡頭、正要向空中跳出第一步的人一樣，我大聲說：「派屈克，我想了很久。我研究過你的錄影帶和訓練營的筆記，我認為**你**應該雇用我。你需要一名公關。你需要做形象改造。而我就是那個可以幫你做到的人。」

他除了好像肌肉疼痛而突然扭動一下脖子之外，並沒有作聲。我繼續投入有備而來的談話：無論經濟是否改善，他的職涯輔導事業還可以再擴展，因為企業界已經改變了。時至今日，過去的經濟衰退已經復甦，但公司仍執意要保持人事精簡；它們隨自己的需求而決定用人、裁人，因此不管自願與否，主管或專業人員預期一生中平均會有多少份工作？大約十到十二份。[12] 而且我們的社會對這個變化毫無準備，這實在是滿有意思的，不是嗎？例如，大學替學生做好未來的工作準備，卻沒有為職涯變動的創傷做準備。這一大塊職涯輔導的長期市場，正是派屈克要征服的目標。從中可以賺到的錢很多。非常多。

「我是史上第一位職涯教練，」他用平板的音調打斷我的話：「我在一九七〇年代就開始做了，早在其他人跟進以前。」

「很好。」我覺得現在已經把他引到正途了。他正在接受我的計畫架構（至少他沒有提出他的），因此這給了我勇氣繼續侃侃說下去：你有一種天賦，任何人都看得出來。很多事都是學得來的，但是你和人相處共事的方式，也就是我在魔鬼訓練營裡所看到的，可不是學就會的。可以看著一個人，而且真正看到他內心深處的能力。當我在魔鬼訓練營看到他時，我簡直無法相信他竟然不是一位受過訓練的心理治療師。

「嗯，我是。我曾經做過。」

我的恭維起作用了，而且——誰知道呢？有極小的可能性，或許他可以向他的一些經理級管道籌到一筆錢來雇用我呢。我接著說：「但你不只是一位心理治療師而已，因為你可以同時激勵整個團體。這是某種『不是零，就是一百』的才華。你天生就獨具魅力，那是來自內在的。」

---

12 賽內特，《職場啟示錄》，頁二十二。

「我知道，」他對著書架說：「我有一種天賦。」

「問題是，派屈克，」我盡可以委婉地說：「你已經**無路可走**了。」那是他在「致勝點」（Sweet Spot）影片裡自己說的話，這也是影片內容的主旨——處理走投無路者的問題。

我接著說：「就拿這次魔鬼訓練營來說，我到現在都還不知道你的計畫、你的任務是什麼，如果你想告訴我那是為了要觸及年薪六萬五的失業中階經理人，可以，對此我完全尊重。那是一群重要的人，如果你的任務是要和他們合作，我會尊重你。就是因為這樣我才欽佩你的。」我想要暗示的是，他的行動可能和救世軍（Salvation Army）沒什麼兩樣。他又在扭動他的脖子了，所以我只能看到他的眼角。

「但，」我又繼續說：「那可不是利益所在。假如你想要賺錢，你就必須把目標對準年薪十萬到二十萬美元的人。這也就是我能幫你的地方了。」

「但我們現在要談的是芭芭拉．亞歷山大。」他回應了，拍了拍他膝上的黃色筆記本。

「沒錯。我們正在談她能為你做什麼。」我一生中從未以第三人稱來稱呼我自己，不過這個才剛剛崛起的芭芭拉．亞歷山大也並不真的是我自己，或任何我想認識的人。也許形象改造已經起了作用，也或許是派屈克自己的哲學，也就是我在魔鬼訓練營裡學到的：EP的指數隨著PSWB而變，意思是說，我內在的自信可以使我透過意志而征服這個世界。他顯然有點不知所措，便起身坐到另一張椅子，好像要藉此重新拾回他失去的權威一樣。

我告訴他：「我們來談談你的影片，有關『致勝點』的那卷。那是行不通的，製作品質很糟糕。再看看它的**符號學**吧——那是我們公關的用語。」我對自己的創意有點驚訝：「你有那麼一大群本來應該要一起互動、受你啟發的人，結果我們看到的只是他們的後腦勺。」

「我只有一台錄影機。」

我聳聳肩。「這麼重要的東西，你為什麼不多做點投資？」

「但教室裡的氣氛非常熱烈。」

「也許是吧，但觀眾看不到。他們一點也看不出你的魅力。」

他看起來似乎還能接受這一點，我就更得寸進尺地說下去了。既然我都已經開始了，除了照原定計畫進行，還能怎麼樣呢？「另外一點是，我做過公開演講的輔導訓練。你做得真的非常非常好，但你還可以更好。問題是，你容易搞砸你的小故事，這些故事被你一說就沒什麼吸引力了，你沒有抓到重點。這點我可以幫得上忙。你需要更明確的走向。」

「所以……你……想，」他說，很困難地發出每一個音：「要……推銷……我。」

如果不是他的口氣陰沉悲哀，我可能會有點惱怒。剛剛的二十分鐘他到哪去了？不過我要應付的，顯然不只是嚴重的自我陶醉而已。我眼前坐著一個心情墜落到黑暗泥濘深谷的人，我想要拯救他。我也——這想法怎麼來的？我也想把他推到這座被屎填滿的谷底。我說：「聽聽看你自己說的話，」我身子往前傾：「當你那麼說的時候，聲音都微弱到聽不見了！我在這裡只看到消沉沮喪。」

假如他可以當心理治療師，那我也可以。假如他可以用一個診斷分析就讓辛西亞落淚，我也可以自己開張診斷書。當然了，他隨時都可以說：「聽清楚了，這裡由我作主，非常謝謝你。」然後把我的厚顏無恥踩碎在腳下。

「是我吃的安眠藥在作祟，吃藥後我就會變成這個樣子。」

啊哈，又一個弱點！我現在有一種垂死掙扎的感覺，誰的伎倆會得逞？我又回頭述說我的公關資格、輝煌的全國性成就，以及我協助推動過的事業。如果他還有力氣敷衍我的話，或許他還能贏，他可以說：「太好了，現在我要你到外面去，把這招用在一個真正可能雇用你的雇主身上吧！」或許還加上一抹寬容的輕笑。不過事實可不是這樣，他總要為自己辯解一下：「你還沒有見過我真正的天賦，」他比了一下小指的指尖說：「你看到的只不過這麼多。」

我坦承自己對他天賦的實際程度實在是冒昧無知。

他說：「你說了一大堆事情，但你對我的近況卻一無所知。」接著他又解釋了一堆，這在魔鬼訓練營一定早就被斥笑為「藉口」了。他剛經歷一場牽涉到資產損失的「事業離婚」，在找到另一間公寓前，得先搬到這間小辦公室。三位長期客戶突如其來地解約。至於魔鬼訓練營的學員大多是年薪六萬五的人，這對他來說也並非常態。他只是「精挑細選」了魔鬼訓練營來為他的主管桌拉人，那才是他真正賺到錢的地方。

這番辯解讓他開始清醒，他再次企圖奪回權力：「但你是來這裡接受輔導的，對吧？」

我可以真的很卑鄙。我可以要求知道「派屈克的問題到底在哪裡？」然後大聲說：「派屈克！」就像那些營訓團員對無助的凱文大叫一樣。但我只是繼續進行我對他的計畫。我提醒他，在魔鬼訓練營時，他提過自己正在寫一本書，這可以是我們推銷他的第一步。書什麼時候可以寫好？因為有這本書在手……然後我勾勒了新書的宣傳計畫：上歐普拉的節目、預定演說行程、來一場華爾街活動如何——也許，和一些最具號召力的人物共進午餐，由他來當主講人？

「這些你都可以做？」

我向他保證絕對可以，而且作為一名公關／活動策畫，我每天做的事還不只這些。請問他能否略述一下這本書？

在我看來，這似乎是他最後一次能從席上站起來、重新奪回他教練寶座的機會。但他似乎不再對這場對決感興趣，要不就是我根本從未吸引過他的注意。他開始說：「假如一個人有一種天賦……」然後講了幾句讓我覺得困惑混淆的句子，無法記入筆記本。

我告訴他，嗯，我們還不到那個階段。但是別擔心，要做好一份可上媒體的簡介，所需要的工夫幾乎就像寫一本書一樣。而且，我還可以幫他寫這本書。我會編輯、做總整理。他有沒有出版商？沒有。經紀人？沒有。這些我全都可以幫他。我是很有管道的。

一個小時的會面就要結束了，真是謝天謝地，我要先把這個事實說出來。我告訴他我不想再多占用他的時間，雖然很難想像這些時間他還能有什麼事可做，談話期間電話只響過一次——我不得不注意到，話筒另一端是一個低層次的人際關係聯絡人，打給我們這位自我標榜的職涯輔導創辦人。我從金伯莉那裡學到的事之一就是：直接告訴別人你希望對方為你做什麼。所以我告訴他兩件事：第一，我要他考慮一下我的提案。我知道這必然很奇怪，沒來由地冒出了這麼件事，但我對這件事是相當認真的。第二，我要他讓我進入主管桌的圈子裡。

他最後還殘存了一點點鬥志。當我收拾筆記本和筆時，他向我宣告在「表達」上他可以輔導我。我的態度太「粗暴」了。

粗暴？在我看來，這個字眼用在一個剛剛花了一小時在哄騙、說服、**推銷**的人身上，實在有點奇怪。

「你說了一大堆事，卻對我的近況一無所知。你看起來很**生氣**。」

我真是驚訝萬分。我對派屈克絲毫不覺生氣——憐憫，當然有，還有對他的專業有某種輕視。如果我有任何罪狀可言的話，那就是把**專注**這項誇大的企業特點做得過頭了。我到這裡推銷自己，而且沒有因派屈克明顯的不幸而改變任務；從人道的觀點來說，或許是惡毒了點，但我想過，對一個為達目的絕不罷休、主動控制局面、高度專注的「專業老手」來說，這絕對是可以接受的。是的，我是利用了一個受到打擊的人來磨練我的自我推銷技能，雖然我懷疑金伯莉可能不會贊同這個做法。

而且還有——我怎麼會忘了？我是個女人。「粗暴」這個典型的男性字眼就在暗示，我在這裡已經打破了一些可能屬於亞特蘭大的性別規矩。也許是那「難以親近」的合身襯衫。但我一步也不退讓。我對他說，那不是生氣，而是積極。如果我說話太直接，我向你道歉，但我在任何可能的求職狀況下還是會這麼做：確切地告訴面談者他們為何需要我，還有我能為他們做些什麼？

「嗯，你還沒有告訴我任何我不知道的事情。」

「沒錯，人們真正想聽到的，只有他們已經知道的事。」說了這絕妙的機智回答後，我提出要付他鐘點費，因為我已經用掉了他原可用來輔導的一個小時。他說費用是一百七十五塊美元，比他原先在輔導時間確認函中說的七十五塊還多出許多，但我不予置評地簽了支票給他，和他握手，提醒他我會在一週內打電話給他，然後轉身離去。

所以誰贏了？如果目標是一份工作的話，我輸了，但從我踏進他辦公室那刻起，我就知道根本不會得到工作。我告訴自己，重要的是，我成功地在那裡賣力推銷了一個小時，而這個理應具有優越洞察天賦、擁有這麼難得的「人際關係技能」的人，始終沒看穿這點。除非你把他最後脫口而出的那句性別歧視的刻薄話語算在內，否則他根本就是被歐普拉在他眼前跳舞的意象所騙，甚至被迷惑了。另一方面，他是拿了一百七十五塊美元的人，所以就殘酷的利潤觀點來看，他是最後的贏家。

在開車回旅館的高速公路上，我體會到一位和平主義者第一次殺人後的感覺。是的，我心中充滿了厭惡與反感。黏黏的汗液從我手心緩緩流到方向盤上；一路上，周遭的白噪音彷彿充斥著辱罵與譴責，一句一句打在我心上。但我真的做了，不是嗎？我嘗試推銷自己，而且在長達一個小時的時間裡，我表現得還不算差。我已經血染寶劍了。

Chapter 5

Networking with the Lord

跟上帝攀關係

我回到家才發現，這趟旅行含機票一共花了我一千多美元，我只不過淨賺了一支唇筆、一條粉底液和一把名片而已。事實上，我找工作已經找了快四個月了——原本預計此時應該是面談一個接一個的時候。我家前院的水仙花已經爭先恐後地冒出頭來，而我的現金儲備也已經花掉將近四千美元，但比起十二月剛開始時，現在的我離目標也沒有接近一點。

我已經應徵至少五十家醫藥與保健相關的公司，而且遵照金伯莉的建議，甚至開始主動聯繫一些並未刊登徵人啟事的公司。例如，我找上一家剛創立、叫做「延長受孕」（Extended Fertility）的冷凍卵子公司。它之所以引起我的注意，是在一個與求職無關的情形下，透過一位新聞同業得知的。只要付出一筆高額費用，這家公司就可以讓女人趁年輕時先將卵子冷凍起來，在適當時機但已過了生育年齡時，再把卵子移植回去。我寫給這家公司的求職信裡，表達了我對其企業宗旨的熱忱，以及我在婦女保健議題上的豐富經驗。後續我又以更多的電子郵件和一通電話聯絡對方，結果該公司告訴我他們目前不需要公關人員。我再打了一次女人牌，找到並應徵了一家叫做「對女人坦率」（Frank About Women）的公司，它「致力於幫助公司創造與女人豐富並持久的品牌關係」，但還是沒下文。

情況更悲觀了，我聯絡了一家叫做「聰明屋」（Brighthouse）的神經行銷（neuromarketing）公司，在一篇題為〈美國十大爛公司〉（*The Ten Worst Corporations in America*）的文章中，這家公司榜上有名——他們的目標是把神經研究應用在廣告上，越過意識理智，到達大腦的快感中心，直接引起客戶的購買欲。顯然，不管聰明屋的人知不知道，他們都需要我的幫助。我的求職信一開場就十分響亮：

「近來一篇登在zmag.org上的文章中，把聰明屋列在「美國十大爛公司」榜上。在我讀來，文章對於貴公司發展的這種神經科學研究，具有高度的意識偏見，您或許想對此謗言置之不理。

又或許，您應該重新評估貴公司的公關策略。」

不過這封信無法讓他們心生恐懼；網站上名列的公司負責人中，也沒有任何一位肯接我的電話。

除了網路搜尋，我唯一能做的事就是繼續做關係連結——活動安排比之前更密集，而且重新包裝過。若說我從和普瑞斯考特及派屈克的會面中有學到什麼大教訓的話，那就是我必須變得更纖柔、更女性化，而且要「平易近人」。所以我前往安‧泰勒服飾店，就在離我家約三公里的商場內，我相信他們比我還知道怎樣才能看起來像個企業人。一進去，我立刻就看上了一套棕色的長褲套裝——不是黑色喔，這套衣服具有平易近人的弧形翻領，而非直線翻領，而且打對折，大約一百六十美元。附近的百貨公司有賣一對十五塊美元的金耳環，雖然我知道該買一條金項鍊「來營造整體感」，卻沒有一條讓我滿意。對這條尋覓未果的金項鍊，我想要傳達的訊息應該比較像普瑞斯考特的建議：請來找我吧，我一點也沒有惡意呢。

接著，我該到哪裡做連結呢？答案已經以古怪的形式自己找上門了。在派屈克的魔鬼訓練營時，某次休息時段我正要去洗手間，有個男人在途中把我攔住，他個子矮小，從尖尖的禿頂到落腮鬍滿布的下巴間剛好形成一個完美的三角形。他是派屈克個別輔導課程的成功結業生，從一個被公司裁員的人，轉變成一家炸雞連鎖店的經營者。他說：「假如你要找可以連結的地方，就要到哥德爾網站（Godel.com）去看看。」然後他在名片背後寫下網址給我。

那一瞬間我顫動了一下，感覺像是早期品瓊（Pynchon）小說裡的一個人物，在一段永遠解不開、只會愈來愈複雜的情節裡，突然間得到一條珍貴的線索。每一個科學痴都知道哥德爾不完備定理（Gödel's Theorem）：沒有任何一個數學體系是一致且完備的。這是一種後現代主義者的警告——就在你把所有事物都組織成一套美麗的理論時，你才發現漏了某件事情，而這總是讓我充滿了強烈的挫敗感。我非常誠摯地謝謝我的線人，然後把他的名片塞進我的口袋。

現在我在家正準備洗這條休閒褲，又看到了這張名片。哥德爾網站的首頁登了一則短文，向美國在伊拉克的駐軍致敬，再按幾下我就看到一個日程表，除了週末之外，每天都記滿了給亞特蘭大地區求職者的連結活動日程。你可以看到多數日子都在修尼餐廳（Shoney's）或其他類似的地點，七點半或八點的早餐聯誼會，在當地教堂也有午餐聯誼會或晚間聚會。就這樣，都幫我安排好了。和亞特蘭大再較量一場，已在所難免。

我又回到那間一晚五十九美元的旅館，我決定要先確認第一個連結的地點，免得又徒勞無功地在郊區間往返。哥德爾網站上沒有列出各個連結團體的電話，所以我就打去頁面上列有電話的哥德爾會計公司，不久就和賴蒙・哥德爾先生本人講上話。他為網站的缺失道歉，並熱忱邀我參加「一場真正的連結活動」——明天的一場午餐聯誼會。在那裡我可以和當地的商業圈交流，而且毫無疑問可蒐集到許多門路和消息。實際上，他說：「你可以以我的嘉

賓身分前來。」我把這件事看成是我在連結上真正的一大勝利，或至少在電話連結上是一項勝利的證明。

諾克羅斯團契午餐會（Norcross Fellowship Lunch）的地點在郊區的修尼餐廳，一下高速公路就到了，接待人員把我帶到一間標有「NFL」的邊間。「這是美式足球聯盟（National Football League）嗎？」我興高采烈地問房間裡另一個唯一在場的白髮男士。沒有反應，他以前一定聽過這個問句好多次了。所以我更嚴肅地再試一次，介紹我的名字與目的：遷居到亞特蘭大，找一份工作。這樣至少引出了他的名字，賴瑞，還有他開了一家洗車店的資訊。

我問他：「你會需要一位公關嗎？」試著恢復我那誘人的語調。他瞇眼看我的樣子，讓我想到「公共關係」這字眼可能帶有情色意味，也許是「關係」這個部分吧。還是我的套裝有問題，或許有點太過盛裝，因為賴瑞穿的是那種年長好男人式的便裝。但還好其他人也到了，賴瑞變得比較直率，建議我們先到自助餐廳去拿一些菜。我被賴瑞的第一個選擇嚇了一跳：一碟鼓起的生菜，上面蓋滿了罐頭水果沙拉，再加上一層乾巴巴的灰色漢堡肉，千島沙拉醬從上面緩緩滴落下來。

面對餐廳的方向有幾張長桌，現在排在桌旁的椅子都漸漸坐滿人了，大多是男性白人，但也有一些女人——竟然沒半個穿黑色衣服的人。我嘗試和年紀較大的麥可說話，他坐在洗車的賴瑞旁邊，介紹自己是位作家。我問：「你都寫些什麼？」然後他遞給我一本薄薄的、小冊子大小的書，叫做《超值：商業與專業成功的十大原則——石刻銘言》（*Mega Values: 10 Global Principles for Business and Professional Success—WRITNE IN STONE*）。他解釋，這十大原則就是十誡，他把它們轉譯成給商業人士看的實用指南。

當麥可轉身和剛來的人打招呼時，我打開書，發現第一誡——「除了我以外，你不可有別的神」，被譯成「對權威表達適當的尊重」，像是你的老闆。這和原文似乎有點衝突，因為世俗的權威者有時可能與神格格不入，實際上還可能敬奉財神這個偽神呢。

現在麥可在和別人說話，不多話的賴瑞埋頭在他的漢堡沙拉裡，我只好轉向坐在我右手邊的人，他看來顯然比這裡多數人都更屬於中上階級——一位資訊科技專家，然後我才知道，原來他也主辦為求職者所設的每週晨間課程。對我有沒有什麼建議？他告訴我，可以去研究本地的商業報紙，而且，和金伯莉所說的一樣，要避免浪費時間在我的求職夥伴身上。很意外地，他也建議不要雇用職涯教練——「免費的資訊來源太多了。」

「你是說網站上？」

「嗯。」他沒多費唇舌解釋。

「這裡為什麼大多是男人？」我大膽地發問。

「這些團體大多是男性發起的。跟宗教有關。」

我想問這到底是什麼教，但還是決定靦腆地說一句：「你確定我在這裡可以嗎？」我多希望我的「主人」——賴蒙・哥德爾先生，能夠趕快出現而且表明身分。

「可以啊，現在什麼人都可以來。而且對你來說，這是一個完美的連結場所。你在這裡可以看到好多真正的商界領袖。」

他繼續吃東西，但**連結**這個字眼讓我想到了《連結不止》裡的建議，要以新聞裡的某件事情來維持對話不斷。「所以，嗯，資訊科技產業外包到印度對你有沒有什麼影響？」

「沒有，我覺得這也不失為一件好事。讓印度人去做那些簡單的東西。美國人應該要學習做些新的東西。」

我為自己設定了平易近人的女性化類型，卻想不出符合這類型的回應方式，所以我只好搪塞了一句讚賞的「嗯」，並問他是否認得出賴蒙・哥德爾。他說：「就在那裡。」並指出一個在房間裡到處與人拍背寒暄的圓臉男士。我起身向賴蒙自我介紹，但這時聚會突然正式開始了，和藹可親的賴蒙站上講台，介紹自己是數座活動房車營地的擁有者與經營者，他大喊：「讚美主！」

在這目前約有五十個人聚集的房間裡，有不少人跟著附和這句話，連同「阿們」一起唱和。「我們至今已經聚會十五年了，」賴蒙繼續說：「我知道上帝每回都與我們同在，因為《聖經》上說，無論在哪裡，有兩、三個人奉我的名聚會，那裡就有我在他們中間。」現在一個穿著醒目條紋毛衣的人上前致祝福辭，其中一句祝福是，要求大家為前去捷克斯拉夫（Czechoslovakia）擔任傳教士的亞特蘭大人禱告——我不由得注意到，那個國家自一九九三年起就不存在了。嗯，不管那些傳教士是去哪裡，觀眾裡有一名高大的白髮男士舉起右手，掌心朝上，閉著眼睛，做出禱告的樣子。

這個負責致祝福辭的人開始說起一段冗長、曲折的故事，內容是關於一個垂死的人、一位醫生和一隻狗。這個故事的由來是「魏納伯教練」臨終前所送出的最後一封電子郵件。就我所知，它的訊息是我們對死亡沒有什麼好怕的，但我沒辦法確定，因為這實在是一段冗長又抓不到重點的故事。賴蒙再度站上講台，而且完全出乎我意料之外，他開始講《新約》裡最煽動人心的部分，也就是有關財主和針眼的部分。這場餐會會在每個人都掏空腰包、趕去救助窮人的情形下，突然告吹嗎？不，重點似乎是，信徒們「害怕可能必須放棄所有」，但耶穌教導他們，他們其實不需要放棄那麼多事物的。「讚美主！」賴蒙說完了。

也許我早該從**團契**（fellowship）這字眼就猜到了，但這名詞聽起來還滿世俗順耳的。但在這裡，就在這張藍色的節目單上：NFL的「使命」乃是為了「提供商界基督徒一個場所，使他們得以分享上帝在私人與專業上如何感動其生命的故事」。也真夠尷尬的，我坐在前排，正好在講台前方稍偏的地方，任何不當的臉部表情都會被一大半的觀眾看得一清二楚。至於半途離席，例如快速瞥一下手錶，假裝好像想到同時還有另一場約會一樣，這只會被詮釋為另一種公開聲明，而且還一定是異端的聲明。

再說，活動已經進行到邀請像我這樣的新人起立我介紹了。我說了我的名字，還有我在考慮要遷居亞特蘭大，而且正在找公關工作。另外幾位求職者都表明身分及他們希望找的工作——主要都是會計和資訊科技方面，不過多數新人都已是穩固的商界人士。一位穿西裝打領帶的人宣稱他想要為市區的律師們建立一個類似的團契，因而得到熱烈的掌聲。從現場的一片「哦」與「啊」聲中，可以看得出來，比起在那最黑暗的捷克斯拉夫勸人改變信仰，這任務的風險可毫不遜色，而且光是提到律師這個頭銜，中間還穿插著一些嘲諷聲呢。再回到賴蒙，他「只有幾句話要補充」。「多麼混淆的世界啊！」他評述說：「在這個世界，我們可以辯論男人是否能和男人結婚〔觀眾裡有人咯咯輕笑了起來〕……我們可以有一個說我們不應到那裡〔我假設他指的是伊拉克〕去的總統候選人。對這種人你還能怎麼辦？」

在他回答自己的問題前，現場在他的掃視下，有一種預期中的寧靜：「鞭打他們！」不知怎麼，這個鞭打的可能性讓他離題，談到或許這麼說不夠政治正確，因為有些人會告訴你，這個時代你不可以管教自己的小孩，但有些情況下你實在必須這麼做——鞭打他們。這番言論引來了一陣笑聲和一些滿意的耳語聲，麥可的叫聲惹得大家更加興奮：「逮住他們，我們南方人都這麼說！」贏得熱烈的掌聲。

耶穌會怎麼做？——起身復活，並公開譴責這以祂之名大肆宣揚的民間虐待狂？我決定板著臉繼續保持靜默，除非我要引人側目，否則別無選擇。不管怎樣，他們現在相信大家都已經感覺自在而且心連心，該是主講人約翰．魏思的時間了，賴蒙介紹他是位房地產經紀人以及「勝訴律師」。魏思是一位非常英俊的高大白髮男士，穿著一套一看就知道很貴的西裝，讓我不禁期待聽到一場精彩的房地產業行情演說。他開始先祈求上帝賜給他今晚演說所需的話語，不過悲哀的是，這個禱告被上帝完全忽視了。他說起話來結結巴巴，還不時看看許多大小、顏色不一的手寫草稿，開始敘述「上帝在我生命歷程裡運作的三大階段」。第一階段是一九八一年他改變信仰的經歷，當時他「感動得跪倒在地，接受了上帝」。這樣的謙卑對他來說並不容易，因為他是個德州人。「來自德州，就好像生來便是紅髮、禿頭或猶太人一樣。每個人都注意你，而你永遠也改不過來。」每個人都為這段露骨的妙語而輕笑起來。

上帝在魏思生命歷程裡運作的下一個階段，和他的妻子羅拉有關。有一天上班時她打電話給他，說她很害怕，因為有四名吉普賽人在後院，所以他就火速開車回家。她指著窗外靠近樹林的地方說：「在那裡。」然後她指給他看一個戴著紅帽的吉普賽人，和另一個穿著黃色洋裝的吉普賽小女孩。現在，大家都屏息以待地看著他。「但你們知道嗎？」魏思說：**那裡根本沒半個人。**」

原來羅拉患有「震顫性譫妄症」（delirium tremens），是因為某次小手術須短暫戒酒而引發的後遺症。我們知道羅拉本身已經「獲救」，但我們的主講人坦承，她一直都還是很「自由不羈」，這讓我稍稍覺得對她有些許認同。總之，如我們所預期的，魏思經歷過許多「苦難」，迫使他向上帝禱告，讓他得以「開啟他的心靈，並讓他愛不容易喜愛的人」——也就是羅拉，從那之後，她就被上帝拯救了。

最後，上帝對房地產產生了興趣。魏思說了一段很長的故事，提到在一次偶然的際遇下，上帝帶領他成交了一筆一億三千一百美元的交易，也造就他現在這麼富裕。這個機會的出現，是透過一封顯然沒什麼希望、來自Hotmail的電子郵件。這段話引來一些觀眾的竊笑，我猜是因為Hotmail並不是企業的名稱。更糟的是，那個人的名字叫做芬可斯坦（Finkelstein，譯註：與科學怪人〔*Frankenstein*〕諧音。）。魏思暫停了一下，等著現場的笑聲平息。

在賴蒙上前致最後的祝福後，我跳起來收拾東西。假如這些自我吹捧的商界基督徒想要聚在一起禱告並交換名片，我對此沒什麼問題。假如他們想要利用這樣的聚會來嘲笑不同宗教、性向或政治傾向的人——好吧，那也許是他們自家的事。但是當這聚會透過廣告，告訴宗教或性向不明的求職者（例如像我這樣的人），說這是通往成功受雇的途徑時，這家企業就顯得有點邪惡了。有兩個人向我要名片，但我沒有留下來聊天。我只想逃出這個地方，自由的幽靈在此偽裝成穿著明豔、膚色黝黑的陌生人，於後院神出鬼沒。在此，「芬可斯坦」

算是個笑點。

這並不是我第一次冒險進入所謂基督教與商業文化交錯的廣大領域裡。碰巧這塊交錯的區域近年來已快速擴大，包括職場事工：有些存在於像可口可樂和英特爾這種大公司裡的員工禱告團體、商界基督教人士和其他社區領袖的聯絡網；而且還有愈來愈多公開的基督教企業，甚至在他們的產品上印了一隻小魚符號以作區別。根據《紐約時報雜誌》的報導，一九九〇年有五十個職場事工聯盟，現今則有上千個。[1] 求職者很可能在像諾克羅斯團契午餐會這樣的活動中，遇到基督教商業文化——表面是商業聚會，實際上是崇拜儀式。他們或許也可能被拉去參加以教堂為根據地的聚會，刊廣告說是一場為失業人士而設的連結活動，但實際是為了勸誘改變宗教信仰的場合。兩個月前，我到維吉尼亞州北部，參加馬可林聖經教會（McLean Bible Church）每週聚會的「生涯事工」，我從網站上得知這活動，同時還看到一則讓人印象深刻的「成功故事」：

「只要我還認為社會工作機會不足，我因技能生疏而大不如前，那麼我就不可能找得工作。所以我開始抱持肯定的態度，描繪我心中完美的工作、我想要的工作環境、經濟安全感，以及我心目中理想的老闆類型。然後我就把整件事交託給上帝。我每天都這麼肯定地說一次，感謝主賜予我所求的一切。我懇求這一切在七月底就有消息，九月前就能大局底定。兩週內，我收到一位朋友寄來的電子郵件，上面有人力招募專員的名字與電話。接下來就是一段信仰與信念的美好故事。我打電話給這個人，在七月二十九日參加開放徵才的活動，然後立刻就被錄取了。」

它所傳達的訊息就是，加入我們，不久你和上帝的交情就會好到可以對祂下最後通牒。

在我參加該教會「生涯事工」的那個晚上，宗教性質的意味相當低調，而且完全沒有教派門戶之間的敵意。這個聚會是由麥克擔任主席，剛開始我還誤以為他是牧師。他對這個錯誤似乎感到很驚訝，好像我在路上隨便找一個曼哈頓人，然後問他／她是否就是市長一樣——因為馬可林聖經教會相當大，幾乎是一個小型城市的大小。你開進一座大得足以當中型機場使用的停車場，然後進入一個可容納一間旅館或一間氣派銀行的中庭，在這三層樓高

1 羅素．修爾投（Russell Shorto），〈職場信仰〉（*Faith at Work*），《紐約時報雜誌》，二〇〇四年十月三十一日。

的迷宮中，服務台有人指引你到達目的地。[2]

麥克開場就解釋：「本教會的使命乃為我主耶穌基督，在這凡俗的華盛頓特區產生巨大的影響。」但似乎這凡俗的華盛頓特區已先對該教會造成巨大的影響了，因為我在大樓裡閒逛發現，雖然這裡有一間「禮拜堂」（排滿基本款靠背長凳的禮堂和講壇）、一間自助餐廳、一個運動中心，還有好多好多，但我看不到一丁點宗教的象徵性物品——沒有十字架、沒有耶穌、沒有天使，什麼都沒有。我們一開始先禱告：「我們知道祢對我們的生命都有一份計畫⋯⋯感謝祢，天父，為我們預備了這麼多。」在這種情況下，為此感謝真的很奇怪。休息時間我們可以自由進行非正式的連結活動，有兩位求職同伴都是具電腦相關技能的中年婦女，她們坦承在經過數個月徒勞無功的求職後，必須搬回家與父母同住。

在我們半小時的連結時間裡，我和一位保德信金融集團來的人才招募專員打交道，他在這個聚會裡到處遊走尋找業務員，唉，只可惜找的不是公關人員。我有點取笑意味地問：「你為什麼不在家仔細鑽研一下怪物人力網？」因為我突然想到，假如那些求職布告欄真的管用的話，那一切連結的活動就沒有必要了。「嗯，」他說：「雇用來自求職布告欄的人，根本就是在冒險；你不會知道這些人是好是壞。」我又繼續問他，在這裡很快地跟某人面對面見過，這樣又能有多少了解。再說，你終究還是得和他們面談一次的，不是嗎？但我仍舊得不到一個明確的答案。

馬可林聖經教會「生涯事工」聯誼會的真正推銷主旨，是由另一位教會義工莉莎來介紹，她看起來很瘦小，緊繃著臉，穿著正式套裝。她在手冊裡的檔案是這麼寫的：

「我相信耶穌是我的主與拯救者。我來到這塊平安喜樂之地的旅程，是經過試煉與磨難的。我發現自己以尋求者的身分來到生涯事工的門前，常常懷疑自己所尋的到底是什麼——我前來求職，結果找到了生命——我具有人力資源的專業，在服務業、零售業和餐旅業有十一年以上的經驗。」

這裡可一點都不像平安喜樂的地方。整個過程大半時間大家都是在屋內四處走動，宣報自己的名字和職業，而莉莎的舉止一直讓我分心。她站在靠近前面的地方，雖然她不太是全場注意的焦點，但臉部表情變化多端——例如把頭歪向一邊，面帶一種滑稽噘嘴的怪模樣，然後突然轉回寫著我們名字和抱負的紙上，故意皺著眉頭，然後又很快地變成皮笑肉不笑的

2　大衛．邱（David Cho），〈一位立志要改變民眾信仰的牧師：馬可林禮拜堂抱持盛大的計畫對外開放〉（*A Pastor with a Drive to Convert: McLean Sanctuary Opens with Grander Plans*），《華盛頓郵報》，二〇〇四年六月二十七日。

樣子。你可能會以為她是一個被送到地球的外星人，有一張臉部表情的目錄，卻沒有該在何時應用的說明書。我在想，她只是在找一張正確的企業面具。

晚上結束時，她匆忙跑到講台中央（假如這麼瘦的人還能匆忙得起來的話），並嘗試做出一副極其嚴肅的表情，噘著嘴巴，不久後又換成一種不好意思的謙卑表情。宣告內容主旨是說我們應該購買講道CD，裡面收錄了牧師對於度過艱難時期的講道，還包括他廣為人知的伊拉克戰爭佈道。這張CD對莉莎的禱告很有幫助，兩週後，她就收到兩份工作的聘任函。就我眼前所看到的，並沒人買這張CD。

那天晚上我回到旅館，是個很簡陋普通的地方，離杜勒斯機場（Dulles Airport）很近。我很訝異旅館房間和教會竟如此相像。不是表面上相像，而是某些潛在的審美觀——同樣簡單的線條、中性色彩、便宜耐用的家具，以及毛超短以利清掃的地毯。多虧了牆上模糊的印象派圖畫，這房間實際上比教會還有生氣。在精疲力盡的狀態下，我感覺這樣的審美觀似乎瀰漫在我所進入的每一個社會層面：以列表為主而無敘述的履歷、位於高速公路邊，像汽車旅館的教會、算計過的微笑、壓抑感官的服裝、精確的講義，和無數的投影片。

這些完美的工具和手段，或多或少都行得通，讓很多事都能達成：趕上截止期限、做好預約、準時交貨、地毯確實保持得斑痕不染。但也有東西就此失落。韋伯（Max Weber）把現代社會描述成一種「除魅（disenchantment）」，意指「神明盡去」，或是缺乏任何新奇與神祕的特點。正如傑克森・李爾斯（Jackson Lears）曾說，現代化之前的人抬頭看，就看到天堂；現代、理性的人卻只看到天空。對此我們還要再加上一句，今日冷酷專注的商業文化寵兒根本連頭都不抬。然而我們要如何了解商業界不斷成長的基督教文化？它會導向更親切、更溫和、更讓人深切省思的商業文化嗎？又或是宗教必須改變，變得更像那完全功利主義的馬可林聖經教會——一個超然與美好都已然枯竭的領域？

馬可林聖經教會的冒險行動並沒有什麼結果——一個樂意搬遷到任何地方的「經驗豐富的公關專業人才」，連個小道消息都沒著落。活動結束時，我上前去徵詢主講人麥克，問他有沒有什麼建議。他給我另一位幫得上忙的教會義工的名字，不過這個人並沒有回我電話或電子郵件。諾克羅斯團契午餐會也一樣沒什麼助益。不過，我不能因為這兩次不好的經驗，就將以信仰為基礎的求職方式一筆抹煞，何況在亞特蘭大這個地方，教會似乎是嚴肅的關係連結進行所在。

諾克羅斯團契午餐會之後，我的下一個目的地是在巴蘭山上帝教會（Mt. Paran Church of God）舉行的抉擇關頭求職者聚會，這也是從哥德爾網站得來的另一個機會。這個教會跟馬可林聖經教會一樣，也是一個大型的多功能服務中心，但規模稍微小一點。入口處沒有服務台的歡迎，只有一長排燈光微暗的走廊。我到處遊蕩想要找個人帶路時，有三個身形中等、看起來很不受控制的小孩，從黑暗中尖叫著衝了出來。不，他們不知道聚會在哪裡舉行，然後又繼續他們的追逐。走過標有ESL會議、托兒室，以及媽媽支持團體的房間，我很驚訝所有這些以信仰為基礎的社會服務，很明顯地代替了公共或非宗教的社會服務。最後，我遇見一個在掃地的黑人，指點我來到聚會的教室。我來到一個奇怪的地方，前面的外觀是一間假房子，以滿布天竺葵的窗檯盆景裝飾，四周圍繞著假盆栽。事實上，這是一個舞台布景。門口有張桌子，上面放著幾盤甜餅、幾罐汽水，以及一疊筆記本，一位教會義工告訴我可以自行取用。

由於我在教會裡閒逛，結果遲到了幾分鐘，有一位從名牌得知叫做安娜的女士，已經在台上講話了。除了教會的義工之外，只有十個人到場，他們似乎都太專注於台上的介紹，所以我進來時沒有人打聲招呼，連點個頭都沒有。但聽講已經沒必要了，因為安娜正在介紹我們手上的筆記本，談到對求職者有幫助的一些網站。她講話時，講台兩旁有兩個螢幕列出了這些網站，所以我們從三個不同的來源得到同樣的資訊：安娜、筆記本、螢幕。我全神貫注於安娜身上，注意到她那精心配置的暖褐色調套裝——是不是所有女人到了一定的年紀，都規定要穿暖色系的衣服？

她提到的一個網站引起我的注意：一個叫做「工作編檔員」（Jobfiler）的網站，可以為你做求職的規畫——你的聯絡管道、面談等。我至今學到的是，找工作幾乎就是一種職業，或至少是一項全職工作；而現在，這種職業同樣也面臨技術老化的問題。根據我的經驗，任何承諾可以為你「規畫」生活的事，都比繼續掙扎於原來的困境還要費工夫，如果你想的話，還可以把這當成藉口呢。不過，想像把我這徒勞無功、而且愈來愈雜亂的工作交給工作編檔員來做，實在很誘人。又或許，我可以在印度的矽谷班加羅爾（Bangalore）聘個低薪的人來幫我找工作呢！

結束筆記本的內容，安娜勸告我們不需因自覺缺乏技能而絕望，因為「一般人有八到十二種技能」，不過她並沒有提到這些技能是什麼。我愈來愈不耐煩，很想問她用筷子吃東西算不算是一種技能，但沒半個人發問。我的求職同伴們的臉部表情，在我看來對演講還算專心，和我在每個地方所看到的求職者一樣，都是一副固執、被動的表情。或許他們擔心只要稍微露出一點無禮的跡象，就會導致有人保留珍貴的消息不願分享？安娜結束時以一句話來勉勵我們，要永遠記得我們的價值：「歷史上最重要的人為你而死。」螢幕上的影像從那活潑的首頁轉變成深藍色，傳遞「在基督裡，給世界希望」的訊息。

我希望趕快進行到連結階段，可以和求職同伴們見面，發表我的抱負，或許再探出一、兩個門路，畢竟這才是此行的主要目的。但安娜宣布現在是「見證」的時候了。一位穿著高領衫與夾克的白髮男士，開始述說一段長達半小時、有關他與上帝之間的生命故事。他在IBM待了三十年，之後轉到一間較小、較活潑的網路公司，結果落得二〇〇一年被解雇的下場。那是一段艱難的時期，他有很多朋友甚至一年過了都還沒有面試的機會。幸運的是，上帝有時會插手相助，提示他接受全錄（Xerox）公司的工作，儘管薪水低了很多。不管怎樣，他還是全力投入這份工作，一週七天，每天工作十二小時，這都還好，直到全錄要他接受更進一步的減薪。

到目前為止所發生的事件，可能讓我導出的結論是上帝並沒有太專心，但主講人的信仰仍舊很堅定。有一天他和一位朋友一起祈禱，突然感應到上帝要他接受之前應徵的一份工程職務。他知道此時上帝與他同在，因為當犯罪的時機出現時，現在他都能夠堅決地說不；但是以前不那麼信主時，就絕對不會拒絕。無論如何，他得到了那份至今還保有的工程職務。所以結論是：「永遠不要忘記，上帝可以大幅改變你的處境。」

這個時候已經超過八點，我實在餓壞了。正考慮要走人時，一個叫法蘭索的人接著上台，要求我們都過來圍著他坐成一圈。這一定是連結要開始了，而且在場人數這麼少，大家應該有很多機會可以交換心得。不過，事情可沒這麼好呢，他開始了一段我現在看得出來是求職一〇一的演說：電梯演說的必要性、一份精煉的履歷，當然還有連結、連結、連結的必要性。他坦承關係連結在生活中是多麼地重要，我們應該在幼稚園和小學時就被教導如何連結。而誰應該是我們連結的第一個目標？上帝。

對不起，這已經太超過了。我以一個無神論者的身分，忍受了諾克羅斯團契午餐會，而現在，在巴蘭山上帝教會裡，我發現自己是個信徒，而我所相信的是這個：假如上帝真的存在，假如有一個有意識的存有，它的思想即成宇宙——旋轉星系、投擲隕石、創造並滅絕物種，假如某個這樣的存有真的顯現，你不會和它「關係連結」，就像你不會在燃燒的荊棘上點煙一樣（burning bush，編註：《聖經》〈出埃及記〉中，「耶和華的使者從荊棘裡火焰中向摩西顯現，摩西觀看，不料荊棘被火燒著，卻沒有燒毀。」神透過異象，把帶領以色列人出埃及的重任交託給摩西。）。法蘭索犯了褻瀆之罪。就我所知，他貶低了這個宇宙。

我起身收拾好筆記，安妮、茱蒂和安娜三個管事的女人驚慌地看著我。當我向門口走去時，安妮急忙跑來問我：「還好嗎？你會再回來嗎？」她和我走到樓梯口，甚至還和我一起走下樓，自始至終都緊勾著我的手臂。「明天早上你應該去參加周界商場（Perimeter Mall）的求職者聚會，」她堅持地說：「有什麼好處呢？因為有一些人力資源招聘專員會出席呢！」地點是在佛德洛克爾斯（Fuddruckers），她慢條斯理地把每個字說出來，也許是為了避免把字說反了：「七點半開始，在商場十點開店以前就可以離開。」

我離開教會的時候，一直想著絕對不要去周界商場的聚會，因為到目前為止，我的基督教求職遭遇只讓我深覺反感，不過「虛榮心」可能是比較正確的神學用語。在求職前線上，沒有聯絡管道、沒有內幕消息，一點進展也沒有。但是有兩件事促使我前往周界商場：第

一，安妮提到我可以搭捷運前去（旅館旁邊正好有一站）；第二，我在凌晨四點四十五分這種鬼時間自然醒來。沒有藉口可找。

當我七點三十二分進入餐廳時，一位演說者已經開始了。大約有四十個人坐在環繞臨時講台的小桌子周圍——一如往常，這團體大多是白人，且幾乎全是男性。因為我們的主講人是位律師，他開場先講了一個律師的笑話：高速公路上的一隻死狗和一位死掉的律師之間有什麼差別？狗的前面有剎車的痕跡。一個五十多歲、穿著休閒服的男士（畢竟今天是週五），被介紹上台為我們做另一個見證。這個見證一直追溯到童年時期，他表明自己擁有鍾愛他的雙親，但在他出生的家中，「沒有很多私人的關係或溝通」。因而，在運動、學校、遇到一個不錯的女孩……林林總總之後，他的婚姻失敗了，使他掉進了抑鬱的深淵。他又結了一次婚，但他知道他還是沒有改變。

接下來的情況變得更含糊，而且更複雜些。他交了位朋友，那位朋友非常聰明，而且對他「產生興趣」。他們常常爭辯，他太太甚至擔心他可能冒犯了那位朋友。然而，是這位朋友介紹他認識了《聖經》：「我不能和《聖經》爭辯。它就是有道理——有很好的常識。」

我試著去想《聖經》中哪些部分可以被合理地指認為「有很好的常識」，但我失敗了。或許我們的主講人指的是某種另類《聖經》，那是已經被淨化成奇蹟似的內容，以利商界更容易消化的版本，因為就我所知，宗教的責任並不是要「有道理」。他現在又離題講到但以理（Daniel）的故事：「神對他感興趣，就投入他的生命裡。」我們的主講人下結論說，假如神能為但以理做事，那麼或許祂也可以幫助他。「我剛剛才明白，神可能有興趣給我一份免費的贈品，而且我一直都對免費的東西感興趣。」

很不幸地，對聽眾來說，並沒有顯著的改變發生，也沒有眩目的啟示。他繼續敘述，聽起來像是即將發生的事情——他如何禱告，又和朋友爭辯，總是希望神送給他免費的禮物。最後，我們的見證人以好消息結束，感謝他心靈的甦醒，現在他和第二任太太「關係良好」，而且這場婚姻仍舊維持著。

到目前為止，我在基督教聚會所聽過的見證裡，上帝總是事必躬親地忙著管理每一份職務和個人的一舉一動：建議該追求什麼樣的工作，甚至促使重要的電子郵件送出。在一次談話中，有一位求職者暗地裡對我說，上帝插手讓他沒有賣掉房子，至少他認為房子沒賣出去是個「徵兆」。因此即使一開始並不明顯，每件事情的發生都是「有理由的」，而且想必都有善意的理由。這個永遠都在管閒事的神明意象，符合了理查．賽內特認為用「敘述」來解釋一個人生活的必要性。他寫下：

「不只是簡單地記載事件的發展史；它還賦予時間向前運轉的形式，為事件何以發生找理由，顯示其因果關係……〔但〕一個由短暫的彈性與變遷……所界定的世界……經由敘述，不管在經濟上或社會上，都沒有太大的貢獻。」[3]

如同賽內特所提出的，我們從生涯的敘述裡，想得到的是某種道德的推動、某個有意義的故事，可以告訴我們的孩子。古老的說法是：「我很努力，所以我成功了」，有時則是「我搞砸了，所以我失敗了」。但一個努力了半天，卻只偶爾得到報酬的生活——努力工作卻落到被裁員的地步，然後這個過程又不斷地重複，直到衰老迫使你再也找不到一份像樣的工作，這就需要一個更費力的解釋。你要不就是去尋找形塑你生活的體制性力量，要不就是把你生涯中不可預測的起起伏伏歸之於一個力量無限、永遠關照每件小事的上帝。

這時群眾人數已經加倍了；或許這些剛到的人事先就知道要避開這場見證。有些剛到的是女人，甚至還有一些是有色人種——每個人都穿著最佳的企業裝扮，大紅色。在電腦播放一陣響亮的音樂之後，會議主席簡短地談到和耶穌基督維持關係的必要性，有幾個義工趕忙一桌一桌地發放包括〈詩篇〉（Psalms）與〈箴言〉（Proverbs）的袖珍型《新約聖經》。現在我們要加入在房裡各角落的「突破小組」，看你是對「雜亂何以是上帝恩典的障礙」、「找到平安與喜樂」，還是對「走向成功生活的神路」有興趣。我笑著對同桌的夥伴們（三位極其愁悶的中年男士）說，我當然應該去「雜亂」那一組，但他們連對我微笑一下都沒有。

結果雜亂是最受歡迎的突破小組，所以我就轉到由傑克、皮爾格牧師帶領的「成功生活」那一組，至少在那裡我還可以找個位子坐下。我嘗試用連結式的微笑對我同桌的新夥伴派特笑，但唯一的效果竟是讓他站起來，一轉身就跑掉了。不過沒過多久又跑回來，拿了一份講義給我，上面是出自〈哥林多前書〉（Corinthians）裡有關愛的著名篇章，上面的動人詩句寫著：「我若有先知講道之能，也明白各樣的奧祕，各樣的知識，而且有全備的信，叫我能夠移山，卻沒有愛，我就算不得什麼。」或許那終究也算是一抹成功的微笑吧！

傑克牧師叫一位求職者大聲地把〈哥林多前書〉的內容唸給我們聽，並邀請我們這週日到他的教會重申誓言。我希望多聽點關於「愛」的討論，或許對你為何「可以投身火海，但假如你沒有愛，這也算不得什麼」的神祕美麗之處做個解釋。但傑克想要談的是「卓越」，這個論點以一個故事為例，訴說一位受到感召而傳道的全殘人士，建立其獨特的福音熱線，因此有了輝煌的成就。傑克本身並不好看——身材矮小又圓短，但重點是，利用福音熱線人們就不須看到這個有殘缺的人，他的殘缺會讓人「分心」。假如這裡要給身障求職者某種訊息的話，這可不完全是令人振奮的訊息。

就在這時候，一位可能連結的目標抵達了。一個年輕的亞裔美國人，我從名牌上看到他的名字是「湯姆・它」（Tom It，譯註：意指對白人卑躬屈膝，低聲下氣。），他在我旁邊坐

3　賽內特，《職場啟示錄》。頁三十。

下，對我微笑，又和我握手。我們小聲地彼此自我介紹，我才知道他姓張，而「It」實際上指的是「IT」（資訊科技）。當傑克還在繼續講卓越這個主題時，湯姆忙著在印有〈哥林多前書〉章節的講義邊緣塗鴉。我看得出他是一個愛整潔、資訊科技型的人，因為他畫了一個圓圈，裡面寫了**你**這個字，另一個圓圈裡則寫著**上帝**，用雙向箭頭把兩個圓圈連結在一起。突然，他靠向我，並瞪著我正啃著的蛋白質營養棒，小聲地說：「你一天可以吃幾條這個？」我把卡路里成分（有兩百二十卡）指給他看，然後說或許可以吃到十條。「所以，」他問：「是用卡路里的量來決定？」

現在，卡路里和〈哥林多前書〉兩者之間，我完全搞迷糊了。但湯姆和我互換了名片，並同意要分享任何遇到的相關聯絡管道。現在已經快九點了，我們要回到中間重新集合，我這才注意到賴蒙．哥德爾，他可能一直都在這裡操控製造音效的電腦。

我們每個新人都要說一小段話，只是提一下我們的名字和要找的工作性質，所以我得知原來我身處於各行各業之中，有會計經理、系統設計師、金融服務業者、系統測試員，還有其他我只能模糊想像其日常業務的人。這段自我介紹說個沒完沒了，總共大約有八十個人起立宣布他們的職業。

剩下最後半小時的時候，現場出現一種嘉年華會的氣氛。主持人正在講職情資訊的分配，這些幾乎全和資訊科技有關，賴蒙還以音響效果來配合——喇叭吹奏聲、叭叭的噪音，還有罐頭笑聲，這些顯然讓在房間前方開會的人感到很高興。有一次有人提到**麻州**，引來了會心的笑聲，我猜那是因為麻州立法當局這週一直在討論同性戀婚姻的議題。主持人加入這些笑聲的行列說：「我還做過更糟的事。我以前住在農場呢。」

大家在笑——什麼？因為這個人獸交的自豪言論而笑嗎？我瞄向鄰桌一位有點陰柔氣質的男人，以這樣的場合來說，先前他那派頭十足的黑皮夾克、白色高領杉和黑色窄筒牛仔褲的打扮，就已經引起我的注意了。他臉上有一道微弱而勉強的笑容。

在最後的祝福禱告之後，我穿過房間走到一張熟悉的面孔旁邊。他是肯恩，在派屈克．諾爾斯的魔鬼訓練營中那個安靜的人，他也認得我。我告訴他，自魔鬼訓練營後，我還和派屈克．諾爾斯見過一次面，而且他似乎混得不太好。「他可以是他自己最大的敵人，」肯恩得意地回答：「我的意思是說，他很有才華，但……」

工作找得怎麼樣了？肯恩說他找到一個工作，而且週一就要開始上班了。那麼他今天為什麼會在這裡？來謝謝一些人，道別。我告訴他我有點憎惡這場活動所有的宗教性質。

「對我來說還好，」他說：「我本身就是信教的。」

「所以你要到哪裡工作？」我問他。

「我的老東家，一年前我被解雇的那家公司。」

「再回去那裡你有什麼感覺？我的意思是說，在他們解雇你之後。」

「哦，沒關係，」他愉悅地笑了起來：「當時他們不需要那麼多人，不過現在他們卻需要了。」

所以這就是現在理想的基督教化白領階級員工，「趕上對的時間」——暫時無用便可棄之，而且永遠樂意微笑歸隊，無論這段失業時期忍受了多少困苦。[4] 也許這橫掃全美的福音派興起運動的功能之一，就是使人們心甘情願地接受愈來愈不可靠的工作環境：接受你所得到的，並且讚美上帝送來這個機會。

當我們魚貫走向門口時，有一位年約四十、眼神專注的男士上前和我講話。他問：「你在找公關工作？」我很熱切地點頭。「你應該加入美國公關協會喬治亞州分部，」他建議：「他們有一個為過渡時期公關人員所設的團體。」終於，來了一個有意義的內幕消息。聽了一上午受南方鄉村恐同症影響而刪改過的基督教義，這也許就足以彌補這個冗長、古怪的早晨。

我坐計程車回亞特蘭大機場，司機是個希望成為五旬節教派傳道者的印度移民。當我承認自己不是基督徒時，他從照後鏡裡懷疑地瞥了我一眼，好像他可能錯過了某種無法掩飾的臉部瑕疵一樣。

「當個基督徒實在很難，」我解釋：「耶穌說過，只要你一有錢，你就得變賣你的所有，並施捨給窮人。」

「這句話出自哪裡？」他很好奇地問。

4 賽內特研究被裁的IBM員工，他們容易退出公民活動，同時變得愈發投入本身的教會活動。有一個人告訴賽內特：「當我在基督裡重生的時候，我變得愈來愈能夠接受現實，愈來愈不再反抗。」（賽內特，《職場啟示錄》。頁一三〇。）在近來的勵志文學中，基督徒受到鼓勵，要把職場看成是一個「見證」、改變宗教信仰，不然就是提升其宗教目標的地方。例如，金．海克尼（Kim Hackney）所著的《謝天謝地，今天是週一》（*Thank God It's Monday: Celebrating Your Purpose at Work*），在www.praize.com廣告上，提出這些方面的建言：「在職場活出你天賜的目標」，並「改變對『例行苦差』的態度，在工作中找到滿足與喜樂」。

Chapter 6

Aiming Higher

胸懷遠志

再度回到家，我坐下來面對現實——我在怪物人力網和熱門工作網刊登履歷，至今已超過兩個月了，卻還撈不到半家公司來探詢一下的電話。哦，我收到了不少電子郵件，大多是來自「管理職務搜尋」公司，他們佯稱從我的履歷看得出我很有潛力，然後表示可以指導我找到工作，代價是好幾千美元。但是我丟過申請表的那些保健和生物醫學的公司，依舊保持傲然的沉默。我是相當捺不住性子的人，至少在接近最後期限時不禁焦慮起來，怕我自己所定的求職最後期限在時間無情地飛跑下，就要把我擊垮了。

普通的求職者可能會很絕望，但我占了一個獨特的優勢：我只要再把履歷更新就好了。我從和其他求職者的聊天中得知，更新的關鍵就在於了解到很多公關界人士都是失敗的新聞從業者——這也沒什麼好羞愧的，因為多數報紙付的都是超低的工資，近來幾乎已經沒有人可以只當自由記者就養得活自己。這表示，我可以把我實際的生活再多放一些到履歷中，做芭芭拉．亞歷山大的骨架。當然了，我不能引用自己寫過的文章，因為有些人可能會要求過目，但我可以如實地宣稱自己曾在加州大學柏克萊分校的新聞研究所教過課，如果有人問起，有位同學會很樂意證實芭芭拉．亞歷山大教了一堂大受學生歡迎的「說服寫作課」。

更進一步來說，活動策畫必須刪除。我本來覺得具有兩項「技術組合」會加倍吸引雇主，但也可能不幸造成看起來「不專注」的效果。此外，我漸漸看出活動策畫是一種滿粗略的職業，和承辦酒席的外燴性質太接近了，而且在連結活動之後，我覺得反正也沒幾家公司會在內部留用活動策畫的人力。為了取代這部分，我擴展想像的公關經驗，我現在做的不只是顧問，而是全職工作。可悲的是，所有這些偽造的工作都是在非營利機構，雖然我（也就是真正的我）自取其辱地嘗試到一家我多年來一直有接觸、確有營利的公關公司，想找人幫我圓謊，但我還是只能困在這非營利機構的黯淡往事中。

雖然如此，這份新的履歷在我看來還真是新穎。裡面沒有獨創的故事來掩飾工作的空窗期，有的是一段在媒體關係和形象管理服務界辛勤工作的生活。我保留了近來做過的獨立顧問工作，但刪掉業餘玩票和落難主婦的那個芭芭拉，一點痕跡都不留，取而代之的是一個或許稱不上工作狂，但至少是極度專注的專業人士。我把這份新的履歷貼在怪物人力網、熱門工作網、CareerBuilders、Guru.com、Workinpr.com、prweek.com，以及本州的一些求職布告欄，還有美國公關協會的網站。我警告自己，隔天早上不要趕忙去查電子郵件，以為自己會收到雪片般的回函。但我一定是個甘願承受失望的人，因為我果然那麼做了。

下一個進度就是後續聯絡。我從之前的旅行中累積拿了一疊名片，現在我要一一寫信給這些聯絡管道，詢問他們的求職進展如何，順便問問他們有沒有得到什麼可供我參考的線索。不是個人都回信，而且沒半個人有什麼內幕消息。比利，我在派屈克的魔鬼訓練營和他為了柯林頓的殺人紀錄而起衝突的那個人，邀請我去參加他創立的新求職者團體。莉亞，我在蒜烤餐廳遇到的行銷人員，已經愈來愈絕望了。另一個魔鬼訓練營的老手，理察，臉上布滿了因常笑而產生笑紋的房地產經紀人，他回我信，我才驚訝地發現他一直試著打電話想和我聯絡，因為他「只是真的好想找人聊聊」。他沒有打通，因為他打的是我的手機，而只要我在家就不太理它。他問我下次再到亞特蘭大時，他可不可以和我共進晚餐？我讓他的熱情冷卻了幾天，才回覆說，好的，晚餐是個不錯的主意。不過在我回去找他之前，他就已經搬到芝加哥，而且找到一份工作了。那工作的性質我探也探不出來，他說，只不過是湊合著做的工作，意思是有點不體面，希望只是暫時墊檔。

我的下一個後續聯絡目標讓我畏怯多了。就是「主管網站」那位之前待過共和黨全國委

員會的容恩。我寫給他一封很爛卻還滿誠實的電子郵件，說他的研討會多麼具啟發性，我有多感激他直截了當的做法，跟典型的職涯教練那種含糊、半治療性的做法很不同。我還提醒他對我承諾過的聯絡管道。這一招倒是召來了一封夠客氣的回覆，結尾還要我再介紹一下我的狀況和技能以喚起他的記憶。我應該寄張履歷給他才對，但要寄哪一張？我參加主管網路研討會時，帶的是舊的履歷，現在我可不敢寄給他新的履歷，以免他拿來和第一份比較，而注意到我的經歷在幾週內就擴展了那麼多。

所以我把舊履歷寄去給他，又再次提醒他別忘了我的聯絡管道。當這些都石沉大海後，我再寫一次信，要求他是不是可以給我二十分鐘的時間和他聊聊。這可是他自己的建議：每個人都可以硬擠出二十分鐘的見面時間。他回了封信，列出我計畫到華盛頓那天他有空的時段，包括一些午餐時間的可能性，所以我就厚著臉皮說要請他吃午餐，結果簡直難以置信，他竟然接受了。

這場約會的地點很自然地就定在艾倫瑞克（我）出差時住的旅館餐廳裡，早餐時我先去探路，決定了這家餐廳，如果東西的口味不是那麼可靠，至少環境還算高級。我在房間裡刻意精心打扮一番：棕色套裝、黑色高領衫、金色耳環。我的臉用的是全套普瑞斯考特的產品：粉底、腮紅、眼線筆、唇線筆、睫毛膏。我強迫自己放慢速度，用各種不同的畫筆和刷子做細微、煩人的動作，因為不知哪來的人類學研究，說鮮明大膽和粗線條的顏面色彩會產生不好的效果，讓人覺得是野蠻人或運動狂。在全身鏡前仔細端詳後，我認為自己實在很靚，再加上一條金項鍊和翻領別針，照普瑞斯考特的評斷，我可能還會被認為是共和黨員呢。「心智清晰，熟練的賽馬選手，」我背誦著摩頓的小小心訣：「健全的精神，強壯的賽馬。」

容恩也一樣，看起來遠比之前「平易近人」多了——沒有打領帶，穿著領尖有扣子的淡藍色襯衫，第一個扣子並沒有扣上。我們一坐下，我就開始扼要地說明求職心得，盡量以社會學的層面，而不是以個人的觀點來述說，以免讓他感覺出我的絕望。「我感覺到這整個管理階層的生活圈子，在過去數十年來有很大的改變，」我告訴他：「而且很多人就是還沒有做好心理準備，不管情緒上或其他方面皆是如此。」我舉我的父親為例，希望能給他一種我們家族都是主管階級的印象。我父親在吉列（Gillette）公司服務二十年以上，對公司認同到家裡絕不許使用其他競爭品牌的產品。不過，如今人們似乎大約每隔三年就得換一次公司。容恩確認我的印象並沒有錯，現在的主管階級一生中大概要換八到九次工作。「你永遠覺得下一份工作就是最後一個，但從來不是。」

點菜時，我犯了個對服務生友善的錯誤。為了更正我的錯誤，我觀察容恩對待服務生的態度，是一種冷淡再加上些許敵意的姿態。例如，他抱怨他的水杯**太滿**了，雖然把多餘的水吸掉沒多困難，他卻硬要服務生換給他一個新水杯，水不要那麼滿。他對這無恥的小題大作沒有任何歉意，沒有一句「請」，甚至在要求時連眼神接觸都沒有，害我只好跟服務生使一下眼色，有點「看到我得忍受什麼了吧？」的意思。

現在言歸正傳談到我真正的問題。我告訴他一個可能的策略，並把這個想法大大地歸功於主管網路研討會幫助我「策略性」思考：我會繼續在製藥公司的領域內尋找，但我要附上一封信，指出他們當前的公關問題，是由於價錢太高和無數欺瞞與詐欺行為，並暗示我可以幫忙改進這些缺失。

他喜歡這個策略。「專注在製藥這類行業很好。而且不管你應徵哪家公司，提到其『痛點』也很好，」——也就是他們做不好而你能補救之處：「但你一定要給他們一個解決之道。」

「我了解客戶的憤怒，」我說：「但我不認為這些製藥公司曾試著去運用那些對他們心存善意的力量。例如在婦女的世界中：你有避孕丸、你有塔莫西芬（Tamoxifen，譯註：三苯氧胺，治痛乳癌最常用的抗雌激素藥物。），他們改變了我們的生命。他們**拯救**了我們的生命。」當然，我略過了他們有害的一面：含有高量女性動情激素的避孕丸、荷爾蒙補充療法、達康盾（Dalkon Shield）子宮內避孕器等。

「很好，」他說：「所以你可以建議採行**團體**途徑的方式。」

啊，就是這個字。我們的食物上桌了，我很警覺地發現，我點的雞肉片配的是蒜香番茄醬，這對求職者來說是個足以造成危險的因素，《別為工作抓狂》甚至還有一章叫做〈遠離番茄醬〉。只要叉子稍微叉偏，我的棕色套裝就完了，所以只好小口小口地細嚼慢嚥。

「但你要記住，」容恩告訴我：「關係連結的重要性無法取代。你要如何和製藥界建立關係呢？」他建議，我應該開始出現在公關專業協會的活動和會議上，和大家打成一片，並且在這個過程中，了解可能的工作到底在哪裡。另一個策略是，我可以去買我有意求職的公司的股票，並且出席年度股東會議。「除非你是個會惹麻煩的人，」否則在那裡每個人都可以和上級人士攀談。

「嗯。」我必須先擁有公司的一部分，才能在裡面工作？我決定問他一個在我心裡憋了好幾個月的問題：當求職可以經由網路、透過求職者的技能和公司的需求這樣簡單的配對就達成時，為何每件事似乎都還得倚賴老式的面對面接觸？畢竟，最後還是會面試，不是嗎？

「這是信任的問題，」容恩含糊地回答，更別提「好感度」了。「你在主管階層的層級愈高，就有愈多情況要依賴好感度。你得學著去適應才是。」

我逮到我的右手正往前伸向容恩尚未動過的薯條，便急忙轉個方向假裝要拿鹽。數百萬人的生計與幸福倚賴這些作為國家經濟支柱的大企業，這些企業卻如此仰仗「好感度」這樣薄弱、空洞的感覺，真是讓人不解。

當我們進行到餐後咖啡的階段，我再次提醒他承諾過要給我的聯絡管道。他說，好吧，他可以給我一個「免費贈品」。不過現在重點來了：假如我想要被引介到那實際在職主管的「支持團體」圈子，就必須先預付去年年薪的四％，之後還要再付新工作薪水的四％給他。我發現不能為了付得起容恩所提的四％而假裝自己的薪水很低，因為為了符合主管網路研習會的參加資格，我之前聲稱自己有十萬的年薪，所以我們現在談的至少是四千美元。這個數目可以買到無數的面談輔導、履歷重寫，還有每隔一週和大亨顯要吃早餐的機會。

他說得很明白，光能獲邀以這種方式花錢便是一種榮幸，他們可不是每個人都收的：「例如，一個過度自吹自擂的人在求職過程中，不會有什麼好結果。」要不是知道「我們有相同的價值觀」，他不會來和我午餐。我用力地點點頭，不確定那些價值觀到底是什麼。

他沒有食言，我的免費贈品第二天就透過電郵送來了——一家根據地在華盛頓特區的公關公司，叫做戈維斯（Qorvis）。[1] 至今我只應徵了幾家公司，因為一方面我很少看到這些公司有缺額，一方面我也比較喜歡在大公司中做些較大型的非公關任務。我火速發出一封履歷與求職信，第一行就提到容恩的名字。做完這件工作後，我開始草擬一份給製藥公司的新求職信，針對他們不幸的形象問題推銷我的「團體途徑」方式，當然了，我把這些問題都歸咎於過度熱衷的管理者與新聞記者。

容恩最後還有一個建議有待探索：我要積極參與公關專業協會的活動，並以此作為關係的工具。我已經試過追蹤在周界商場得到的小道消息，而且也聯絡過美國公關協會喬治亞州分部，但其過渡時期公關人員的團體似乎已不再進行了。容恩是在這方面重新努力的扎實範例：我不只要和實際在職的公關人員連結，同時還要利用「過渡時期」來擴展我的公關技能，進而擴充履歷上的經驗，做這件事對我來說並無大礙。

我每天幾乎都會上美國公關協會的網站看一下工作機會，瀏覽即將舉行的會議。最後我決定參加一場時間上還算方便的「專業發展研討會」，主題為「危機溝通管理」，內容包括當「社運份子」攻擊或執行長被起訴時該怎麼處理。這是一項很大的投資——八百元的費用，加上旅費和兩晚的住宿費，而且這可不是隨便什麼人都可以參加的會議。網站上的報表要求我列出一個目前的雇主，直到我最後想到了「亞歷山大企業」時才滿意。即使這場會議無法成為聯絡管道的來源，至少應該可以讓我一窺企業界難得見到的最脆弱狀態，而一家企業的弱點永遠都可以被轉化為一份可能的工作機會。有社運份子襲擊你的總部，執行長又被銬上手銬帶走？我可以幫得上忙，或至少現在我會找出可以幫上忙的方法。

這場研討會在波士頓市中心的一家旅館舉行，又是一間沒有窗戶的會議室。今天是風大

1 我後來才知道，戈維斯的主要客戶是沙烏地阿拉伯，即使是我，也仍受到心理上相當程度的道德拉扯。

的春日，偶有陽光閃耀，而我實在恨透了被局限在這人造空氣與燈光下，有如墳墓般的寂靜之中。但該做的還是要做。我早在九點以前就抵達，以便在連結上搶得頭籌；在場集結了三十位左右的公關人員，我很快地向其中六個人自我介紹，一一詢問在他們的行業中除了顯著的龍捲風和恐怖份子攻擊外，還遇過哪些危機。我遇到可口可樂公司的羅莉（她關心的是產品安全）、全州保險（Allstate）的羅傑（不滿意的投保人）、兩位來自一家雞肉加工公司的人員（禽流感），以及數名在醫院工作的人（不明原因的死亡和鄰近居民反對醫院院區的擴張）。啊哈！我一直把企業界想成是百侵不入的堡壘，原來它處於重重圍攻之下。

九點整，主講人吉姆．盧卡澤斯基以這樣的開場白揭開研討會的序幕：「除非有人決定要推翻我……否則這輛巴士要開了。」——吉姆給人如此明顯的「好感度」，卻在我們的心裡灌輸這樣奇怪的可能性。他稱讚我們是「一群非常資深的專業人士」，只需要學習「從不同的觀點」來思考，也就是「管理觀點」。別再去想如何和媒體打交道；我們的挑戰是要「上到桌面」，那樣才能受到管理階層的注意，然後「當場」且「即時地」用他們能夠理解的語言與之溝通。以前，事情要花上好幾天才能處理好，但現在多虧了電子郵件等科技，只要幾分鐘就能解決了。當危機爆發，你必須爭取「黃金時間」來構思回應之道，並推銷給管理階層。

我們開始先看止痛藥泰樂諾（Tylenol）膠囊摻入氰化物的危機處理案例影片，從不幸的死亡案件，看到他們以不可變造的安全封蓋來挽救。到目前為止都還好，我大大地鬆了一口氣，目前沒有我不懂的東西──沒有神祕的行話術語或偽裝的公關科學，而且他們所推薦的事也沒什麼是我實際上做不到的（假設是不需為道德感而遲疑的事）。也許這**就是**真正適合我的行業。我喜歡研討會的夥伴們，看起來沒有人因我「顧問」的身分而看不起我，或表現出讓人無法忍受的樂觀興奮，這是金伯莉堅持能找到工作的先決條件。吉姆甚至還有一點幽默感，至少還願意在演說中不時穿插一點淘氣的「嘿嘿」聲。

我熱切地想要聽到一些刺激的事情，像是反全球化的社運份子和執行長被起訴的故事，但幾乎第一天整天和第二天大部分時間都用在那棘手的「上到桌面」，和吸引管理階層注意的內部問題上，這似乎和我沒什麼關係，因為我甚至連門都還沒進去，除非是穿著圍裙、手捧盤子，否則實在不太可能被允許靠近桌子一步。但我至少可以窺見這個或許不可能親身探索的聖所內幕──在玻璃牆與檢查關卡的後面，在執行長、財務長、營運長等做決策的「長字輩高級主管辦公室」裡。吉姆在危機爆發期間曾經提供建言給許多公司，而且在美國公關協會裡似乎還是位顯要人物，他應該是個完美的指導人選。

他告訴我們，對於管理階層的認識，最重要的就是他們和你我不同──尤其是他們極端「與現實脫節」。他舉了個與現實脫節的例子，說有位執行長問他（吉姆用一種假裝的咆哮聲來表演）：「這股環保流行風潮什麼時候才會散去？」你看，他就是不懂，吉姆用他自己的聲音說，因為這股「環保流行風潮」不會散去；它才剛剛刮起來而已。

那為什麼高級主管與現實如此脫節？因為他們與世隔絕，而且老實說，很懶。「你們都去過公司的管理部門，」吉姆說：「注意到那裡有多安靜嗎？因為沒有人在**做事**。哦，有時候是有些會議……」我們必須了解，上層的人是很孤獨的——非常孤獨。那裡只有一位執行長，所以他或她（吉姆很小心謹慎地使用性別稱呼，雖然這幾乎沒有必要，像執行長的例子就是）沒有人可以交談，而且在他或她四周的人「都在等著看他們會摔得多慘」。吉姆宣稱，事實上執行長的平均任期已經下降到三十個月。因此執行長都是最後一個聽到閒言閒語的人，在他提出的案例中只有一個除外：有位執行長是老菸槍，為了過菸癮只好到大樓樓頂和尼古丁同好的下屬們閒聊。

這一切讓我們對執行長有了完全不同的看法，他們常常被描繪成薪水過多的暴君，但把執行長形容得更巧妙，或許就屬詹姆士．弗雷澤（James Frazer）的經典著作《金枝》（*The Golden Bough*），書中一位虛構的國王在春天時被獻祭，以使土地肥沃。或是阿茲特克（Aztec）族的祭祀犧牲品，他們被養得肥肥的，悉心照料了幾週後，就被送到剜心的儀式現場去。

不過，在我還來不及對這些注定失敗和孤獨的執行長寄予同情時，吉姆已經開始勾勒他們如何運用時間了：低於五％的時間用在決策上、四〇％花在「表達」決策、四〇％在「教導、誘導和輔導」、二%在「重複與解釋」、五%在「建立讚賞」（也就是「尋求讚美」）、一%在「建立名聲」（不清楚這是指公司的名聲還是執行長自己的名聲）。不，這加起來並不是一〇〇%，但那是因為執行長「全年無休」。不過吉姆立刻就反駁這一點，他觀察到在你真正需要他們，例如發生危機時，上層管理者一定在度假。

此時，吉姆本人看起來開始像個反全球化的社運份子：他站在環境保護者這邊；他把執行長描繪成虛榮、壞脾氣的人，整天花時間在巴貝多曬太陽，或是到處閒逛尋求讚美。但你知道嗎？我們對他們要完全忠誠。實際上我們的目標是要成為他們信任的顧問——我想到的是**軍師**這字眼。有時候公關人員會搞混，以為我們是在為媒體做事。他問：「你們裡面有多少人曾經做過記者？」結果房間裡大約四分之一的人舉起手。嗯，把那些都忘掉。他告訴我們：「記者基本上都是不快樂的人。」身為公關人員，我們甚至不需要回他們電話。整個房間充滿了明顯不自在的震顫。集中精力在解決危機，或是敦促管理階層來解決危機，不要管媒體，直到你準備好跟他們說話為止。

讓我著迷的是企業界的內部文化，也就是吉姆所見的。他勾勒出來的畫面很像郎世寧（Castiglione）或較近代的歷史學家諾貝特・伊里亞斯（Norbert Elias）所描繪的西元一六〇〇年左右的歐洲宮廷。公關人員是既輕視國王又簇擁在國王四周、急切想獲得垂愛的朝臣。我們必須學習用一種低沉、安靜的語調說話，永遠「有技巧地」架構我們的建言，而且絕對不要多費唇舌在他已經知道的事情上。只有我們巧妙取得他的信任後，才有望拯救國家（我的意思是公司）。當然了，所有的功勞全歸於他。

午餐時，我得知某些學員夥伴對於和管理階層打交道這堂沒完沒了的課，愈來愈不耐煩了。他們預期的是比較有參與感和實作性的課程，並且有機會研討各種不同的模擬危機。事實上，吉姆強調與管理階層溝通要簡潔，但他在應付我們時卻沒那麼自制，這實在很奇怪。畢竟，他告訴我們的大半內容都已經印在發給我們的筆記本裡了，有空就可以閱讀。或許，在努力許久後才終於上到桌面，他只想抓住這個機會站在上面，連續跳好幾個小時的舞吧！

我鞏固和羅莉的連結，得知可口可樂公司因為沒有即時處理好歐洲的一件細菌感染案例，造成一場管理人事的大變動。我和一位處理蒙大拿州國家森林服務局（National Forest Service）公關事務的女士長談許久，蒙大拿州是我的故鄉，我們聊了利文斯頓（Livingston）的牛仔競技以及米蘇拉市（Missoula）的賽馬盛事兩者的相對優點。我也和穿著藍色牛仔褲的亞歷山卓聊天，她在加州一家為美國企業安排產業外包國外的公司工作。我問：「這些公司再怎麼說也都是要走外包路線的，所以別人為什麼要生你的氣？」她告訴我：「我也一直都這麼說啊。」看起來好像被很多隱形人追趕得很煩的樣子。

我上前和在州農保險（State Farm）公司做事的羅傑說話，要求他略述一下他「典型的一天」給我這個企業界的新生聽。原來他一天要在辦公桌前坐上十個小時，於是我就問他，當他職位調升時，工作要求是否也就跟著下降。他的笑容逸去：不，每一項成就之後，期望只會更多。每個人都很客氣地接受我的名片，而且答應如果他們注意到任何工作機會時，會和我聯絡。

下午的研討會時段，我有很多時間可以思索吉姆話中的矛盾，找出對嚴肅的專業公關人員有什麼期望。他人很好，這是毫無疑問的，對有些議題的立場甚至還很開放，不存偏見。當他簡短地提到工會議題時，說他們正「垂死」，底下有人插嘴說：「還不夠快！」——這讓吉姆進而為勞工階級辯護：我們需要「以諒解的態度來看待工會」。「公司企業擁有一切，」他以一種馬克思主義的語氣繼續說：「勞工們擁有的只有那份合約。」他自己的父親就是一位藍領的工會成員，而且「如果你想看民主的實際運作，只要去參加一場工會會議就可以了。」他透露自己的公關公司有四位職員，目前都參與社區團體的事務，做各種不同的努力。「社運活動很好玩，」他坦承：「尤其是在你花了一整天的時間幫公司辯護道歉時。嘿嘿。」

但在專業工作上，我們是反社運份子，而且絕不能忘記這點。他說了一個他成功處理的真實危機案例：費城有一家醫院想要市政府許可它在屋頂設置一座直昇機停機坪。吉姆告訴我們，這完全沒有必要，因為在方圓一．六公里內，醫院院區的屋頂上已經設有四座直昇機停機坪了，但一座直昇機停機坪對醫院來說是「很有聲望」的事。所以吉姆到底做了什麼，來平息社區對這座停機坪的反對聲浪？他組織了一場挨家挨戶宣傳直昇機停機坪的遊說活動。這場活動很成功，醫院得到了直昇機停機坪，無疑地還有機會治療由高度噪音引起、和壓力有關的失調疾病。

然後還有一樁社區和一家大型超市（這讓我想到沃爾瑪）敵對的假設案例，他請我們想出這些機構帶來的所有好處：製造就業機會、讓消費者有選擇性、納稅等等。當好處都列在白板上後，他很讓人意外地宣布：「這些都不值一提。」因為大家知道這些都不是真的。我舉手問他：「所以，你**究竟**要如何對社區促銷這家大型超市？」吉姆說：「我們等一下會提到。」但我們一直都沒有提到。他說，重點是我們必須開始讓管理階層意識到公司的承諾聽起來多麼空洞。然後，想必我們可以展開自己支持大型商場的社區組織運動。

隔天下午某個時刻，我開始幻想要劫持這輛「巴士」，不過理由純粹只是生理因素。我已經坐超過一天了，搭飛機來的那天還不算在內，對於靜止不動的忍耐度已經到達極限。我感受到脊椎骨和那之間的椎間盤一節一節的刺痛；小腿也靜脈曲張了；全身肌肉都因久坐不動而液化。其他人似乎對癱瘓都沒什麼抱怨，不過上廁所或在走廊上使用手機的次數愈來愈多，而那位可口可樂女孩也偷偷在她的黑莓機上回覆郵件。我突然想到，在我求職的過程中，很多時候都坐在無窗的室內，同時某個人——最常見的是一位五十幾或六十幾歲的白人男性，站在前面見證、說教、告誡或輔導。或許重要的不是介紹的內容，而是保持好幾個小時不起身的坐姿和專心的模樣所需的修養吧！藍領勞工由於體力消耗而造成傷害與疲憊，白領勞工須忍受的則是久坐不動的痛苦結果，這有時跟前者一樣痛苦。大學教育幾乎是白領職業必備的條件，或許大學教育的整個重點就是訓練你端坐不動，而且保持眼睛張開。這個時候，我寧願當個服務生。

在我陷入昏睡、不醒人事前所記得的最後一件事，是分神想到坐姿的歷史沿革，椅子是在什麼時候開始普遍使用？一定不會超過幾千年以前，應該是在我們的肌肉和骨骼組織達到現代結構很久以後吧。人體是設計來跑步和走路、蹲伏與漫步的，而不是用來日復一日坐得挺直。

我不認為我真的有趴倒在座位上，或洩露出精神不集中的模樣，但至少有一段完全無法連貫的空白記憶時間，醒來發現教室裡有些微的變動。我們終於進行到一直期待的階段：自己解決問題的機會。每個人都拿到一個號碼（從一到五），分組發配到一張新桌子去，每張桌子都有一項不同的「危機」要解決。

每個案例聽起都很可怕，但吉姆堅稱這都是根據真實情況改寫：一家公司為貧困兒童舉辦一場免費贈送聖誕禮物的活動，結果其中一個包裝好的禮物竟然是一捲色情錄影帶，在社會上引起軒然大波，尤其以教會最為憤慨；一家公司的噴射機墜落撞到一個社區，裡面還包括一家托兒所；一家在洛杉磯中南區做社區清掃工作的公司，被抓到涉及拐子幫（Crips）

和赤血幫（Bloods）的槍擊衝突事件；一家公司發現它的嬰兒產品會引發疹子；而我這個小組的公司面臨一波性騷擾的控訴，不幸引起一個全國性婦女團體（社運份子）的注意。

我們終於坐在這裡，不是面對吉姆而是彼此面對面，自由互動。不到幾分鐘我就開始不耐煩了。我的同桌夥伴似乎一點頭緒都沒有，保險業界的中年男性尤其如此。有一個人提議說，我們（公司）要為受害者提供醫療照顧和心理輔導，害我還得解釋性騷擾和強暴的不同，而對性騷擾受害者提議進行心理輔導，很容易被詮釋為一種侮辱。

但我主要是對他們胡亂沒系統的做事方式感到不耐煩。吉姆給我們一份可資遵循的綱要，一開始要先建立一份事件發生時間表，但似乎沒有人注意到這一點。我發現自己想都沒想，就變形為ENTJ（外向、直覺、思考、判斷型）的模式，敲打著桌面，堅持要做一番徹底調查：「我們一定要先把時間表寫出來。我們必須知道，為什麼這些指控在我們知道前就落在新聞媒體的手上！」

有人把**時間表**寫在活動白板上，上面還摻雜了一堆不相關的項目，像是**和受害者見面**及**敏感度訓練**等，接著我們討論的議題是如何處理那個已經抵達現場的全國婦女團體。同桌有一位男士建議我們提供這個團體一筆可觀的捐款，好把他們打發走。笨蛋！我想像著那個厲害的現任全美婦女組織主席金・甘蒂（Kim Gandy）對這項賄賂提議的回答。

「那麼做是不管用的，」我強勢地插了嘴：「我們談論的是**有原則**的人。」我接著略述一下可以用什麼更聰明的辦法來吸收全國婦女組織到我們的旗下：設立一個獨立委員會來調查這些指控（或有相當程度的獨立就好了），並讓一些婦女組織的人擔任代表。他們會覺得有在做事，而且這還會讓公司看起來像是自墮胎合法化的「羅伊訴韋德案」（Roe v. Wade，編註：美國聯邦最高法院於一九七三年「羅伊訴韋德」一案中，宣布憲法有保護婦女懷孕初期墮胎之權利，限制這種權利的「州法」無效。）以來，女性主義者所遇過最好的公司了。

同桌的夥伴們稍微眨了眨眼睛，接受了這個計畫。但我到底在做什麼？我不是來這裡解救三菱（Mitsubishi）公司的，三菱在一九九〇年代遭遇過一場很大的性騷擾醜聞，而且我懷疑那就是我們這個特別危機的原型。我來這裡是為了要連結關係，也就是說要討人喜歡，而不是要把事情做成功或做對。同桌其他人似乎都快樂到可以隨會議的進展而相處融洽。由於感到侷促不安，我把自己拉回來，當夥伴繼續在活動白板上大書特書那沒什麼啟發性、沒什麼策略可言的意見時，我安於點頭鼓勵。我看得出來，沒有我的參與，**他們沒什麼計畫**。所以說嘛，公關這件事我做得來，不需要進一步的訓練，靠生活帶給我的經驗就行了。不過，只有在我掌控全局時才能如此。

我一從波士頓回到家，就趕快跑去求職布告欄更新我的履歷，加上聽來很響亮的美國公關協會危機溝通研討會，並開始重新思索我的求職信和求職策略。我從吉姆那裡學到的是，企業若非真的有偏執幻想就是很害怕，而且很有理由害怕。隨便給我一個行業，我就可以想出一個「危機」來威脅它：醫院裡有一位涉嫌謀殺病患的護理人員；一家化學公司裡有一個挺身揭發公司弊端黑幕的告密者；不滿或受傷的客戶——「也就是，**受害人**，嘿嘿。」套句吉姆在研討會中所說的話——到處都是。因此每家公司，不管他們知不知道這點，都需要一個危機溝通的計畫，還需要一個人（就是我）來擬定這個計畫。新的求職信已經寄送給所有我至今應徵過的製藥公司了，在信中我解釋說，公關的作用「不只是在點火，同時還要滅火」。假如我能將這些威脅推銷出去——殺人，訴訟，臉上塗顏料、無政府主義、反全球化的社運份子，我就可以把自己當成白馬騎士、企業救星來推銷。

而且現在我很確定我可以做得到。過去的經歷就是我技能的一部分，我會帶進最終雇用我的公司。吉姆是一個完美的模範：他自然是個好人——那只是工作的一部分。他花了好幾個小時，解釋企業管理階層在價值觀和同理心方面是多麼無能；所以當然這是他身為公關人員要修補的工作。我也具有一些同樣的優勢：同理心、熟悉工會與社團，還有一些受原則驅使的生活見解。我可以跟吉姆一樣，把這些優勢帶到王座前，獻在君王的腳邊。

但事實是，沒有公司願意接受我的奉獻。我以價值三十五美元的午餐和容恩換來的珍貴線索，很不光彩地一敗塗地。我寫給戈維斯公關公司的信上，要求他們給我二十分鐘內的「職業資訊探訪」，以了解他們的企業，結果得到了一封很具鼓勵性的回覆。但在後續的電

話聯絡中，戈維斯的人態度已經變得很冷淡了。

「如果我的了解沒錯的話，過去三年來您都是一人顧問公司？」他問。

「嗯，是的。」我告訴他，而且不忘容恩的忠告——一個乞討者必須要有一個好故事，所以我就繼續喋喋不休地說我是如何「採取不尋常的創業途徑，而且還做得非常好，但現在我想要找尋同事情誼，並傳遞一家公司的企業使命……」

「啊。」他只說了這麼一個字。

他給了我「聘任小組」其他兩個人的名字，我很殷勤地以電子郵件和電話留言跟他們聯絡，結果一點回音也沒有。無論做得多積極和多賺錢，顧問工作還是被歸類成一段空窗期。同時，除了維護求職布告欄的履歷外，我當然也應徵了所有登在美國公關協會網站上，或透過亞特蘭大求職網得知的工作機會，而後者突然出現了一線生機。一家位於喬治亞州中部地區，提供派遣醫師仲介的「代理醫師」（Locum Tenens）公司，正在找一位公關主任，所以我就回信強調我在保健相關領域上的廣泛參與，以及我想要和醫師共事的真誠熱情。當我進行後續電話聯絡時，聘任代理人黛博拉親自接我的電話，並問我是否有任何疑問。我的確有些問題，因為這次會談對我的闡述技能會是一大測試。

「請問貴公司在社區中是否參與任何慈善的活動？」——公司的慈善活動必須廣為人知，以作為公關成果的延伸，這個觀念實在有點冷淡無清，但就我所知，即使是小公司也負擔得起買幾張票參加基督教女青年會（YWCA）的年會，或是大哥大姐會（Big Brother, Big Sister）的午餐會。

黛博拉說她不確定，而且似乎不是很清楚「慈善參與」可能跟哪些事有關，所以我以吉姆的訓練為後盾，更進一步說明：「貴公司有沒有一套危機溝通的計畫？例如，有人抱怨某一位醫師？您知道的，性騷擾或是不尋常的死亡人數。」

同樣地，她還是不確定。我嘗試警告她危機溝通計畫絕對有必要，而我已特別準備好要擬定、執行這計畫了。這時她一定在翻閱我的履歷，因為她說：「哦，找到了。」然後，一陣靜默之後，又是熟悉的拒絕：「中間有段空白的中斷期。」

我不確定她手上的是我那充滿空白的原版履歷，還是像戈維斯一樣，把新履歷裡的顧問服務詮釋成一段空白，而且講電話時我也沒辦法去檢查我的紀錄是什麼。不過，我學到的一件事是：任何空白，不管目的為何——養小孩、照顧年邁雙親、疾病復原，甚至是擔任顧問，都是不可原諒的。如果你一生中沒有時時刻刻替別人賺錢，那就別想找工作了

無情的拒絕逐漸成為生活的常態，而和戈維斯的短暫會談、代理醫師公司的吹毛求疵——這些插曲則是例外。到目前為止，我已經應徵了兩百多份在廣告媒體與網路上看到的工作，甚至把求職的範圍從保健製藥業擴展到銀行界和模組化建築業的產業協會，後者至少還讓我獲得一通愉快的電話交談，我們談到模組化建築不幸的廉價市場形象，這點還可以靠

創意公關來修正。

但能夠引發任何形式人際接觸的應徵函還真是稀罕。你也不一定能以電話做後續聯絡，因為那些公司很少給你聯絡人的姓名。做後續電話聯絡時，就像一家叫「ＩＲ科技」的公司一樣，他們告訴我，我的履歷連同其他上百份履歷，已經進入某個複雜的產業處理流程，可能要花上好幾週才能決定。或者，我會聽到一則電話語音留言：「由於應徵信函過多，我們無法確認您的應徵現況。」麥爾在《主管心憂憂》中，根據他在一九八〇年代末求職的經驗寫下：

「除非你比其他人幸運，或是近來的就業市場比以前好多了，否則你會發現送出了五百份履歷，加上五百封特別打造的求職信，卻可能連個比預先印好的致謝明信片更實質的回覆都得不到。」[2]

那還是一個比較有禮貌的年代。經過這麼多努力後，我只收到過一張這種制式明信片。通常在我線上送出履歷和求職信後幾秒內，就有一封自動回覆函出現在我的電郵信箱內，但

2　麥爾，《主管心憂憂》，頁二十四。

裡面連句謝謝也沒有，只是一封收到的通知以及一組代碼，萬一我討人厭到想要後續聯絡時可以使用。多半什麼回音都沒有，那就是企業界這種不可動搖的、神聖的、官僚的冷漠，讓我的求職同伴們如此絕望。我在主管網路遇到的尼爾告訴我：

「你打電話，卻沒有人回你電話；或是用電腦應徵，只得到自動回函。我已經到了這樣的地步：起床，坐著發呆，猛喝咖啡，等著午餐到來，整天無所事事。應付被拒絕的感覺實在很艱難。」

但說被拒絕又太仁慈了點，因為幾乎沒有任何證據說你**已經**被拒絕了——也就是說，經過充分考慮後，我們覺得您的資料不符。誠如《紐約時報》於二〇〇四年六月的報導：「現今最常見的回絕信似乎就是沉默。找工作就好像約會一樣，甚至更糟，你就坐在電話旁，等著那個永遠不會打來的追求者。」[3] 這是種全然隱形和無用的感覺：你敲著門、大喊尖叫，但這門仍然在你面前緊閉著。我記得曾經讀過一篇文章，抱怨社會上中年婦女的隱形身分，當時我心裡就想著**放馬過來吧**。因為隱形是每個小孩都渴望做到的事情——走來走去、拿餅乾吃、做做鬼臉，完全不會受到處罰。但如今，就像從過度缺乏想像力的願望贈與者那裡得到心中所願的倒楣童話人物一樣，我急切地想解除這魔法。是我的履歷，還是以我在連結活動中遇到的案例來說，是我的外表讓我陷入了黑暗當中？

我開始幻想各種方法，讓那些沒有面孔的主管們、讓決定我求職結果的「聘任主任們」注意到我。我應該要開發一個新的朋友圈，朋友的人脈背景要比現在更有幫助。我應該到外面去參加社交聚會，像是我在《華盛頓郵報》上看到的那場眩目耀眼的宴會，有人看到戈維斯的執行長在那裡談論政治領袖。同是亞特蘭大求職網求職夥伴的行銷專員史提夫，也採取有創意的類似方式，以達到和決策者談話的目的。

「我有意願到首都燒烤餐廳（一家位於亞特蘭大市區的高級餐廳）擔任服務生……在那裡服務讓你有機會將名片附在帳單裡給大人物，而得到連結的機會。菜單上最貴的酒一瓶要八百美元。所以我要去上為期三天的品酒課程。」

再過幾週或幾個月，這可能就是我——一名雞尾酒服務生或酒席外燴公司的職員，熟練地把履歷塞給我的顧客。

---

3 莉莎．貝爾金（Lisa Belkin），〈沒有—有；沒有—沒有；根本沒有答案〉（*No Yes; No No; No Answer of All*），《紐約時報》，二〇〇四年六月六日。

Chapter 7

In Which I Am Offered a "Job"

「工作」上門了

五月底，求職計畫邁入第六個月，這時我收到一封要求當面面試的電子郵件。美國家庭人壽保險公司（AFLAC）在維吉尼亞州中部地區徵求營業代表，有管理職務的機會，而我的履歷（他們一定是在其中一個求職布告欄上看到的）顯示我可能是這份工作的最佳人選。當然了，這並不是第一份寄到我信箱的工作邀約。例如，有一家在找女性模特兒的公司是這樣說的：

「你的男友JR有什麼好……來我們公司看看，你不會失望的。這裡有各種不同的美麗照片和影像，而且你知道嗎？我們需要新星，所以華盛頓特區、巴爾的摩、維吉尼亞、喬治亞州亞特蘭大和德州休士頓地區的女士們，如果有興趣加入我們的行列，想真正賺大錢，請寄給我一封簡短的電子郵件，並附上一、兩張個人照片。」

也有人向我推銷預防身分被盜用的保險，我還花了二十分鐘在電話中聆聽一則「雲端電話會議」的語音訊息，裡面有兩個男人語氣愉快地贊同身分盜用案例「正以等比級數增加」。我上過美樂家公司（Melaleuca）的當，這家公司的總部在英國，專門販售對環境生態無害的清潔用品和化妝品，目前正在美國積極物色業務代表。在一次電話談話中，美樂家的史提夫向我保證說：「這可不是你必須預付一大筆錢的那種多層次傳銷工作。你其實只要在你的社交圈子裡傳播口碑就可以了。」

「我只要傳播口碑，你就會付我錢？」我問。

「沒錯，做起來一點壓力都沒有。這是一種口碑式的行業。」

我短暫地嘗試想像一種社交生活，清潔劑的話題會自然地定期浮現，但一想到錢就沒那麼吸引人了。史提夫說他一週花二十小時在賣美樂家的產品，總共可以賺到大約三百美元，但每個月必須花七十五到八十美元在他賣的產品上——我算了一下，一個小時大約淨賺十一塊美元的工資。

就我所知，AFLAC再怎麼說都是一家聲譽高且成功的機構。每個人都看過它那煩人的廣告，裡面有兩個人在抱怨他們的保險問題，卻完全沒有注意到，有隻鴨子一直在旁邊宣告解決辦法：**AFLAC**。為了準備面試，我到AFLAC的網站逛逛，才知道他們的產品是「附加保險」，用來彌補雇主所提供的保險的不足之處。然後我再上Google和Nexis搜尋，不到三十分鐘我就挖到金礦了：AFLAC在銷售隊伍的訓練與管理上有些問題。我要用這個資訊讓面試官大吃一驚，接著再提出我預備好的獨特解決辦法。還有，有些人說AFLAC過度濫用那隻鴨子。剛開始要吸引大家的注意力還可以，但如果你賣的是保險，就需要一種更成熟及嚴肅的方式，那就是我——嚴肅且成熟的反鴨者。

開車經過藍脊山脈（Blue Ridge Mountains）到AFLAC辦公室所在的斯湯頓（Staunton），一路上風景十分美麗，但我那超過速限二十四公里的危險車速，讓我無法欣賞這片美景。離家前的最後一刻，我在棕色套裝的一隻袖子上發現一塊模糊的群島狀污痕，需要在家迅速乾洗一下，花了點時間，不過我勉強趕上，只遲到五分鐘。這間辦公室位在一處比我想像中還要簡陋的鄉下地方：單層辦公室建築有一半橫跨在一座沒落的購物中心之上。只有一輛車停在外面，車子的虛榮牌照（vanity plate，編註：為滿足車主虛榮心而特別選定某些字或數字的汽車牌照。）上寫的就是「AFLAC」。

儘管我遲到了，賴瑞還是很熱忱地歡迎我，帶我走進一間無窗的房間，裡面有一張桌子和六張椅子。為了加強這種死氣沉沉的墳墓效果，他還把身後的門關起來，雖然這樣真夠詭異的，四周根本沒半個影子來打擾我們。AFLAC網站上所承諾的喧鬧繁忙、精力旺盛的團隊到哪裡去了？那「娛樂」的氣氛和立即就能感受到的同事情誼呢？賴瑞大約五十歲，有一頭淡淡的金髮，穿著一件繡有AFLAC字樣的白襯衫，還有一條印著很多小鴨的黃色領帶。提起這家公司過度依賴農場小鴨為代言人的傳聞，或許並非明智之舉，因為除了一幅「後九一一時期」的曼哈頓天際線大照片外，辦公室裡唯一的裝飾就是一隻塑膠玩具鴨，放在看來像是接待櫃檯的桌面。

接下來的過程我不會把它稱為面試。賴瑞給我一份藍色的文件夾，裡面包含一些彩色紙張，其中一張的標題是「在AFLAC的生涯就業機會」，他開始大聲地唸他文件夾裡的文件，我則同時從我的文件夾裡找到資料試著跟上。這似乎是企業比較喜歡的溝通方式：大聲朗誦，不是看著紙唸，就是跟著PowerPoint唸，而聽著朗誦的人自己也要跟著唸。是不是擔心沒有人會注意，所以需要至少兩種感官——聽覺與視覺同時運作？偶爾，賴瑞會擱下文件跟我說話，例如告訴我雖然AFLAC很「龐大」，但他們已經不再那麼在乎它的大小了：「你知道，在安隆（Enron）和世界通訊（WorldCom）案之後，我們不再強調大。我們是家族經營的公司。」

現在來到重要的部分了，從一張標有「即期所得／年資給付／生活形態」的文件開始。在生活形態方面，他向我保證：「我不會企圖把別人轉變成完美的AFLAC機器人。」雖然那領帶、襯衫和虛榮牌照好像在暗示類似機器人的生活方式也不會造成傷害。這不尋常的寬容是有理由的，他解釋：「假如我們都一模一樣，怎麼拓展新市場呢？」還有，我可隨我的意拚命工作或輕鬆工作，一切都看我想要「製造」多少成果而定。不過，低生產量會促使他派競爭力強的新人業務員來衝擊我的地盤，說著說著，一邊瞇著眼睛看我。他提醒我，最好要即時行動，因為前幾個月的銷售業績占很大的份量比例。

我提醒他，我在信中說過對業務工作沒興趣；我想要**管理**業務人員——激發他們，指導他們，並和他們一起合作，規畫出一套策略性的方法來處理我們被分配到的經營區域。我決定，現在是我引爆炸彈讓他震驚的時候了：商業文獻裡的文章認為，AFLAC在銷售隊伍的管理上有些問題。不過，賴瑞如果對我的知識印象深刻的話，他倒是掩飾得很好，因為他不為所動，就像一位已經在博物館裡進出太多次的嚮導一樣。對，對，我是可以當經理，不過這似乎需要自己去招收業務員來管理，顯然就像他目前在做的事一樣。事實上大約有十個藍色的文件夾整齊排列在桌上，證明有一連串辛苦的「面試」正進行中，就我所知我的面試可能是當天的第十一場吧。

談到錢的部分，一張紛亂難懂，標有「收入解說」的文件上顯示，即使是個超級大懶人，第一年的佣金、紅利和保單續約通通加起來，也可以賺到三萬兩千美元。而且，賴瑞隨口說了一句「我們玩得很開心」——公司贊助的旅行讓他們玩過拉斯維加斯、檀香山和聖地牙哥等地方。當他又回到這些數字上，用亮眼的黃綠色螢光筆這裡畫那裡塗塗的時候，我卻在思考自己在這場「面試」中的角色。似乎假裝感興趣才是正事，我還試了好幾種表達同意、關心、著迷的不同表情。我看起來一定和那個在馬可林聖經教會當義工，臉上表情永遠在變的莉莎一樣古怪，只是坐在這裡試戴不同的面具。

他告訴我，業務只會愈來愈好。為什麼？因為健保自付額和定額手續費都在穩定上升，而且「大家的可支配所得比以前更少」，也就是說，他們無法自行應付這些自付額和個人分攤。對於這個好消息，我高興地直點頭。在這個因美國健保系統完全失敗所造成的怪異企業縫隙裡，在這日益加劇的慘況下，我卻笑得好開心。

現在出現了一種可能會搞砸一次真正面談的生理衰竭現象：我的頭從右側太陽穴開始痛起來，喉嚨開始發癢。在一陣無法控制的咳嗽和噴嚏後，他終於注意到，並讓我到房間外的飲水機裝點水喝。我要不就是對這會議室裡的某種東西過敏，要不就是一氧化碳透過通風口排進來。還好，我們已經進行到文件夾裡的最後一張紙了，他問我還有沒有任何問題。

有，我有問題，像是藍脊山脈在外面誘人地召喚著我們，而我們到底在這無窗的房間裡做什麼？但我反而問他一個絕對會讓他滿意的問題：他是否曾進軍維吉尼亞大學？那可是夏洛特斯維爾市最大的雇主。他說，沒有，然後第一次用一種近乎感興趣的眼光看我。沒錯，我告訴他，我在那裡可是有很多交情不錯的人噢。

下一步？他這週面試過的人，有些會被邀請參加第二次面試——「那就是我們互相了解的時候了。」下週他會通知我是否過關。我告訴他下週我會外出，但會試著查看電子郵件，這時他說：「嗯，我們何不現在就定下第二次面試的時間？」所以，就這樣，我過關了。

儘管他保證兩週後的第二次面試會是我們「互相了解」的機會，但根本和第一次面試進行的方式一模一樣。賴瑞同樣穿戴著AFLAC的襯衫和鴨子領帶，帶我經過仍舊沒別人的房間，進到那間無窗的會議室，桌上還是堆著一疊藍色的文件夾。我告訴他：「我有個禮物要送你。」——一本有關一家廣告代理公司的全新精裝書，就是該公司創造了那隻會講話的鴨子，這是我一位出版界的朋友聽說我可能會到AFLAC工作的消息後送給我的。我已經讀過重要的鴨子段落：有一名年輕的廣告人在曼哈頓街上漫步，一直反覆自言自語地唸著：「AFLAC，AFLAC」，直到他突然靈光乍現，發現自己好像一隻……但賴瑞被我突如其來的舉動給搞迷糊了，因而忘了謝我。他瞄了一下封面，然後用一根手指頭把書推到一邊，好像拒絕賄賂的樣子。

他從那疊藍色的文件夾裡抽出一份文件（這份比上次那份更深入），拿出一疊裝訂好的文件，標題為「管理速成」，開始邊講邊用螢光筆標出重要的句子來。如果我在六個月內拉到「至少五萬美元的附加保險」，開至少六個新戶頭，而且至少招收到一名業務員，那我就可以成為一名CIT（Coordinator in Training，培訓協調員）。然後繼續這個「六」的規律主題，身為CIT，我會有六項責任，包括「和DSC、RSC與SSC一起參加三個月一次的CDI。」我還必須另外考一張保險經紀人的執照，拿到「Flex和SmartApp認證」。有任何問題嗎？

現在他拿出一張影印的七月份月曆，開始用螢光筆圈出我要受訓的日子，有些課還要去維吉尼亞州的另一個城市上，假如我願意和別人共用一個房間，AFLAC會幫我付住宿費。我還會需要一台筆電。

「公司會給我一台嗎？」我問。

「不會，但你過不了多久就可以賺到一台電腦的錢了。」

所以，筆電不算，經紀人執照費和之前要上的培訓課程，這些初期投資就要花上大約一千九百美元。我們接著瀏覽AFLAC提供的課程內容，包括「L.E.A.S.E.祕書與方法記憶」（DSC一對一加強課程）和「客戶服務、帳務調節及NOI網絡連結」。賴瑞又說，還會有電話行銷（cold-calling）的訓練，不過這一點並沒有列在文件上，或許電話行銷就等於是對業務員澆冷水（cold douche），多數人都會盡量避免。我注意到這張月曆幾乎每個工作天都被圈起來，上面標有滿月和新月，心中不由得猜想一個AFLAC的專員能把這項資訊拿來做什麼用。

他說話的口氣變得愈來愈像老闆，這讓我很難有正面的解讀。第一次面試時，他是在推銷這份工作；現在他是在指揮。我必須立刻空出行事曆，開始為準備經紀人考試而啃書，還得精讀一本很厚的書。（賴瑞拿這本書給我看，不過我得自己去買，而且連他都承認這本書實在很「無聊」。）「我希望你知道，如果你要，這份工作就是你的了。」他出奇不意地說，並從他面前的文件夾快速向上瞄了一眼。

這個時候他應該要微笑。他應該握我的手並真摯地說：「歡迎加入我們的行列。」但賴瑞的情緒似乎過於防衛而無法放鬆下來道賀。事實上，他接著又暗示性地奚落一番。他不屑一顧地甩了甩我的履歷說：「這件事跟這個一點關係都沒有。我甚至看不懂這是幹什麼的。」——好像我過去的工作是在天體物理學領域一樣。「我是根據一個人溝通的技巧來做判斷。他們是否有人際溝通的能力、是否懂得傾聽。」然後他對我稍微點點頭，因為我的確是個好聽眾，不過這看起來似乎是對於應徵者相當低限度的要求。他不著痕跡地又回到「即時行動」和「全心投入」的必要性。有任何問題嗎？

「那健保呢？」

「我們是獨立契約工作者，要自己找保險。」

所以他要這些本身沒有保險的人去賣保險？我更婉轉地問，我是否會有一間可以辦公的辦公室。

「嗯，我們的職員都用他們自己的家庭辦公室。」

我們握了手，我開車啟程回家，但山區突遇一陣大雨襲擊，迫使我把車停靠路邊，坐在那裡瞪著雨刷外一片白茫茫的世界。我找到工作了。有人覺得我適合代表一家大公司來面對一般大眾，顯然沒有別的原因，只因我可以在冗長沉悶的兩個小時內靜坐不動、乖乖聽話。往好處想，也許我該歸功於自己的舉止和偽裝的熱誠，這很難說。悲觀一點的思考就是，這份「工作」不提供底薪、沒有福利，甚至連個有傳真機和電話的辦公室都沒有。這就和去沃爾瑪找工作，而他們給我一輛裝滿日用品的推車，要我到街上叫賣沒什麼兩樣。我沒再打電話過去，賴瑞也再也沒有打過電話給我。

有成千上萬個像這樣的「工作」，等待著被企業所拒或對企業體制不滿的人。一九九五年，美國有三一%的勞工發現他們身處於某種「非標準」的工作環境中，特點是缺乏福利、和名義上的雇主間沒什麼感情，而這個數字還在持續上升中。[1] 這些人裡頭有很多是女性派遣工和以日計酬的藍領勞工，例如整理草坪的工人和居家清潔工。

但這種非標準的雇工中，出現愈來愈高比例的企業雇員、專業人員，以及進入倦怠期或被開除的管理階層人士。對這些白領階級的求職者來說，到處都是誘惑——有時也可能是陷阱。我的電子信箱內老是充斥著敦促人「做自己的老闆！」和「想賺多少就賺多少！」的信，還常常附有像是「厭倦了企業的勾心鬥角、你爭我奪嗎？」、「您有週一症候群嗎？」、

「您因撞到玻璃天花板（glass ceiling，編註：通常指女性在工作升遷中遇到的無形障礙，使人不能到達更高的階層。）而頭痛嗎？」、「對您的工作失去愛的感覺了嗎？」等醒目的問題。這種半雇用性質工作的招募人員，有時會潛伏在關係網絡連結活動中，我在佛德洛克爾斯就遇到一個人，提議要幫我找到適合的連鎖加盟機會。他向我保證，我可以擁有自己的「美美清潔」（Merry Maids）居家清潔公司，而且可以任選地點遠端搖控經營。

銷售房地產比較受尊重，這是進入企業界的另一種傳統方式，而且初期的障礙不會比賣保險多：你只要付課程學習費用，並通過州執照的考試就可以了。我在密蘇里州的哥哥、科羅拉多州的姊夫，還有許多散居各地的朋友和熟人，都是做這行的。我哥哥離開企業界，曾在阿肯色州經營一家汽車旅館；姊夫會進入房地產業，是因為夏威夷的生活開銷太大而搬家，卻影響了原本學校教書的工作，必須再投資幾千美元去進修，教師證書才能轉到科羅拉多州使用，所以後來有五年時間他經營一家漢堡王，還短暫當過律師助理，最後才在房地產

1 阿尼・凱倫伯格、芭芭拉・瑞斯金、肯・哈德森（Arne L. Kallenberg, Barbara F. Reskin, and Ken Hudson），〈美國的爛工作：標準和非標準的雇用關係以及美國的工作品質〉（*Bad Jobs in America; Standard and Nonstandard Employment Relations and Job Quality in the United States*），《美國社會學評論》（*American Sociological Review*），六十五卷第一期（二〇〇〇），頁二五六至二七八。凱倫伯格和哈德森在我們私下聯繫時向我保證，這個趨勢還在持續中。

界安身立命。我在亞特蘭大有一位具有網站設計背景的女性友人，已經上了房地產課程，而且打算去考州試。我在佛德洛克爾斯遇到的克拉克．尼可森，在工業界當了二十七年的業務經理，「提早退休」後財務狀況過不去，而且長達一年都找不到工作，便決定進入房地產界。

「在〔二〇〇三年〕四月中以前，我做了所有該做的事——參加關係連結聚會、使用求職布告欄，但我實在很難繼續維持積極的心態。我太太和我一起坐下來（在我掙扎時她也很掙扎），她說：『這樣行不通的。』我那時才發現，我並不想回到工業銷售的世界。她說：『那房地產呢？』」

但作為白領階級失業者的內定行業，房地產卻一點也不可靠。根據可信的產業報刊《房地產時報》（*Realty Times*）報導，入行第一年的房地產仲介業者有八六％的失敗率，而在倖存者中，有七〇％的人一年所得為三萬美元以下。根據我姊夫的看法，房地產界「太容易入門。很多人並不真的把它看成一種職業，只把它視為臨時的過渡工作。」不過他說，就一份「臨時過渡的工作」而言，報酬來得很慢。

「你至少要有足夠的錢來維持一年的生活。剛開始，一週要做四百次的登門推銷或電話行銷，而且有六到八個月的時間可說是一事無成。然後，當你拿到一張仲介佣金的支票時，剛開始還不知道要從裡面抽出四〇％到五〇％來支應種種費用，包括稅金和仲介公司收取的營運費。第一年之後，光是為了繳稅，我就必須到銀行貸款。」

我姊夫和姊姊很辛苦地打拚房地產事業，二〇〇四年賺了大約美金七萬五千元，其中有一半都用來繳稅和支付開銷。

克拉克．尼可森五十多歲了，在房地產事業上還處於初期零利潤的階段，他仍然滿懷希望：「現在愈來愈好，愈來愈好……我有很多的訓練和學習、還有枯燥乏味的基本苦功要做，但我很有自信，不久我就會有一些客戶和售屋清單。」當克拉克這麼告訴我時，我只想到那個在派屈克魔鬼訓練營裡放聲大哭的辛西亞，還有看起來也快哭出來的理察——兩個已經撐不下去、而且才剛要開始重新找工作的房地產仲介。

另一種給失業者的非標準形式工作就是連鎖加盟，也就是被人譏諷為「為自己買份工作」的事業，因為開業前就要先繳一萬到四萬美元的連鎖企業店名使用權利金。[2] 早期，大家比較可能自己開創小型企業；現在，你可以買下一種已經預先構想好的企業，其中的經營程序和任何使用或銷售的產品，都可以按月支付權利金向連鎖業主購買。大約有四十萬名美國人是連鎖加盟業者，管理八百萬名員工，並製造美國國內生產毛額的三分之一——從甜甜圈、漢堡到健身中心，什麼都有。但就像房地產生意一樣，報酬不穩定，而且高漲的失敗前景實在令人卻步。社會學家彼得．柏克藍（Peter M. Birkeland）對各種產業的連鎖加盟店做了研究，發現只有二五%的存活率，而加盟的平均收入是三萬美元左右。[3]

最後，白領失業者還有一種選擇，就是數千種只抽佣金的業務工作，例如AFLAC給我的那種工作。根據直銷協會的統計，二〇〇三年有一千三百三十萬名美國人從事這種推銷工作，賣出價值兩百五十億美元的產品。在很多的案例中，這些工作不只在銷售產品時有報酬，招募新人從事銷售也會獲得報酬，AFLAC就是如此。從負面角度來看，直銷界對於毫無戒心的人設下了代價昂貴的陷阱——老鼠會（pyramid scheme，編註：金字塔騙術，即台灣俗稱之「老鼠會」，為變質的多層次傳銷手法，以高收益誘人投入資金，然後以新入會者的錢支付給先前入會者，一旦新投入的資金不足以支付收益，騙局即被揭穿。），最終要推銷的產品很模糊或根本不存在。例如有一套叫做JDO Media的產品，誘使人們靠招募他人來推銷一套粗略不全的「銷售計畫」而賺錢——為得到這個賺錢機會，每一個新人必須先付出高達三千五百美元的金額。[4]

即使是合法的公司也只提供勉強糊口的酬勞，純抽佣金的業務員裡只有八%賺到五萬美元以上的年薪，有一半以上的人年薪在一萬美元以下。[5] 四年前，我有一位失業的朋友被捲入一場推銷維他命的騙局裡，真正的酬勞來源不意外，就是來自招募他人進入推銷團隊。我和他一起去參加由當地一名醫生所主持的說明會，讓我印象深刻的是，主持人的重點在於招募他人來銷售維他命，相較之下維他命的好處實在很不受注意。在他的努力之下，我的朋友損失了四百美元，卻得到一堆維他命存貨，但願這些維他命能彌補他所欠缺的健保。

AFLAC的工作成功上門後不久，我在一場就業徵才活動上，又收到一個純抽佣金類型

---

2 引自www.francorp.com。法蘭公司（Francorp）宣稱自己：「居於連鎖企業發展與顧問的領導地位」。

3 彼得．柏克藍，《連鎖企業的夢想：美國創業的誘惑》（*Franchising Dreams: The Lure of Entrepreneurship in America*），頁一至二、三十一、一一五。

4 克里斯．杭德利（Kris Hundley），〈快速被詐騙之道〉（*Get-Fleeced-Quick*），《聖彼得堡時報》（*St. Petersburg Times*），二〇〇四年四月十二日。

5 蘇珊．嘉蘭（Susan B. Garland），〈很高興你能來。我能賣給你什麼嗎？〉（*So Glad You Could Come. Can I Sell You Anything?*），《紐約時報》，二〇〇四年十二月十九日。

的「工作」邀約。玫琳凱（Mary Kay）化妝品公司並不是吸引我來參加徵才活動的公司之一[6]，而且當我抵達時，就有一種想要避開玫琳凱攤位的衝動。遠遠望去，他們桌上好像堆滿了糖果——實際上是粉紅色的化妝品。由於沒有潛在的新會員在他們的攤位前排隊，所以顧攤位的琳達就站在桌前，在我閒逛著猶豫下一站該去哪時，把我攔了下來。她告訴我，假如我填寫一份表格，就可能贏得二十五美元和一次免費的美容化妝：「正是你在找新工作時所需要的！」

她是一位身材龐大的女人，身著紫紅色套裝，裡面穿了一件白色的蕾絲上衣，和套裝搭配的紫紅色眼影，肩上還有一只高跟鞋形狀的粉紅色水晶鑽片別針。我又再次猜想普瑞斯考特為何要否決我那品味不錯的銀色胸針，尤其是琳達這種異想天開的裝扮都能過關的話。我填好了只需聯絡資料的表格，還透露我正在找公關方面的工作。她的眼神飄過房間，說：「我在一個高階的企業職務上做了三十一年，有一天突然發現自己受夠了。公司給我的理由是『人事精簡』。你做了那麼多，而他們永遠負擔不起加薪。你和每個人都在競逐升遷。你不能信任任何人。我從來都沒得到管理階層的鼓勵或其他婦女的支持。」

「其他婦女的支持」這句話讓我站在原地無法動彈，試著去想像這個女人置身在她所描述的殘酷企業界的情景。如今，琳達的問題已經解決了。「我一週只工作二十個小時，而且，你知道嗎？我賺的和以前一樣多。」此外，她一週還有兩天的時間在一家針繡店上班，

「你知道那裡都是些什麼人嗎？女人。」換句話說，都是玫琳凱潛在的客戶。她問我：「你用過玫琳凱的化妝品嗎？」

「沒有，」我坦承：「我想我比較喜歡萊雅（L'Oreal）。」

「沒關係，」她不以為意地說：「你可以這麼說。你只是還沒有試過玫琳凱而已。」

我們約好了下週電話聯絡的時間，她還祝我「有很棒的一天」。我依照她的指示，上玫琳凱的網站拜讀玫琳凱本人的智慧。玫琳凱是名老婦人，妝扮得有點像達斯汀・霍夫曼（Dustin Hoffman）在《窈窕淑男》（*Tootsie*）裡的扮相。我得知業績高的人可以贏得一輛粉紅色的凱迪拉克轎車，還有他們的企業哲學是「上帝擺第一，家庭放第二，事業擱第三」。我也和在亞特蘭大認識的失業朋友莉亞・葛雷談過，因為她曾經加入玫琳凱。

> 「當你加入時，他們會在一間燈光黯淡的房間裡舉辦一個小小的儀式，主管會為每一位新加入的諮詢員點燃手中的蠟燭，還說了一些鼓勵的話。我必須承認，我覺得對我的品味來說，那有點低俗而且有點誇張。她說了一些像是『你們都做了一項改變生命最重大的決定：加入玫琳凱。』諷刺的是，我是一個很難被說動的人，結果卻掉進了這個陷阱。」

---

6 網站公布徵才活動舉辦的時間、地點時，通常都會提供「參展」的公司名單。

當我們終於通上電話時，琳達熱情洋溢地說：「這是一項幫助他人的事業。很棒的工作。實在難以形容，因為我只要一說，聽起來就像是個瘋子。」

「預付金需要多少錢？」我問。

「剛開始整套費用只要一百元，再加上十三元的銷售稅和運費。現在這個年代只有一百元是創不了什麼事業的！芭芭拉，我現在要實話實說了。我敢說你一定丟掉過掛在衣櫃裡價值一百元的東西吧。」

她接著又說，要學習在客戶家裡替他們上「皮膚保養課」有多麼容易。「我什麼都教你，而且會提供你在課堂上要說的講稿。他們不會在乎你是用唸的還是背的。」

琳達滔滔不絕地講，讓我很難插話，但莉亞警告過我，說她最後花了七百多元在化妝品上，才發現這行業並不適合她。所以我就問琳達，我必須花多少錢來買存貨才夠出去推銷。

「存貨，」她思索著回答：「通常都不會有人問到這個問題。當然，你一丁點都不需要買。不過，我不建議你這麼做。我的建議是從一千八百元開始。你一定要花這個錢嗎？不，不過就個人的感覺來說，女人都不喜歡等上一段時間才拿到口紅和睫毛膏。」

所以，一千九百美元才能開始。「那你們怎麼處理健保呢？」我魯莽地丟出這句話。

「你完全要靠自己。我自己本身有保險，已經好幾年了。這是國家的一大問題，所以不只是我們的問題而已。」

我現在已經知道得差不多了，於是試圖長話短說，聲稱自己還有一場約會要趕。「看看吧，」琳達做出總結：「不要過度分析這些。這只不過是個有趣的行業和一個很大的機會。我沒辦法再多做解釋了。」

所以，在將近七個月的求職、一回形象改造、一份昂貴修潤且之後還更新過的履歷、加上四座城市的連結活動，我總共得到兩個工作上門的機會：AFLAC和玫琳凱。但這些並不是工作，不是我開始進行這項計畫時所定義的那種工作，這些工作都沒有提供薪水、福利或工作場所，別的地方應該還有很多除了佣金之外，也提供薪水和福利的銷售工作，但一份真正的工作對雇主這邊也是有風險的，他必須先做些投資以便賺取你的勞力。在房地產界、連鎖加盟業和抽佣金的推銷業務上，唯一冒險的是那個求職者，他必須先預付一筆錢，還要投入好幾天或好幾週在無酬的培訓上。然後他就得靠自己了，永遠擔心市場會疲軟，或者有名無實的雇主會推出許多業務代表或連鎖加盟店，和你搶地盤。

顯然，沒有人願意在我身上冒險投資。他們是不是擔心，一旦給了我健保，即使只有一個月，我就會跑去大肆做身體掃瞄檢查和非急需的外科手術？任何一家企業願意給我的，似乎就僅只於胸前掛著他們的商標，和到處推銷他們產品的權利而已。

我曾經把我尋求進入的企業界想像成一座山丘上的堡壘，挨餓的遊民在堡壘外圍遊蕩，受到群集的惡狼和野蠻人的攻擊，乞求能被納入那堅固城塔的保護之下。但現在我看到的是，這裡還有另一個地帶：一個稍微安頓好的營區，人們在裡面辛苦地做些城堡居民發明的小事，以求取不明確的報酬。住在這個地帶有一個好處：你不需要遵從城堡居民所受的僵硬體制；你可以真的「做自己的主人！」有些人做得非常好，得到了粉紅色的凱迪拉克轎車，或是房地產交易得來的財富。更多的人則破產了，或是年復一年，努力半天只換得接近貧民程度的薪資。這裡是沒有安全可言的，惡狼仍伺機徘徊著。

Chapter 8

Downward Mobility

社會階級向下流動

我竟然會去參加徵才活動，可見我的期望值已經降低了。我的教練當中沒有人推薦過徵才活動，甚至提都沒提過，因此我得到的印象是這類活動的對象是底層勞工而非專業人士。[1]有個網站刊出洛杉磯地區徵才活動的廣告，我發現廣告上的一則建言印證了這個階級定位觀察：

「參加前別忘了先梳洗——你可能會緊張，一點點香皂的香味可以遮掩輕微的汗味。我們建議您不要使用古龍水和香水，因為有些人可能對此過敏。這裡可能也不是大幅強調個人表現的場合：試著避免穿戴花俏俗豔的衣服和首

1 除了校園徵才活動是為即將畢業的大四生所辦的以外，多數的徵才活動都是由像 JobExpo 這樣的公司來安排，並在網路上廣告。

飾，最好也把刺青遮住。」

在一個人們還需被提醒要梳洗的環境下，以我的棕色套裝和十足自信的態度，以及身為衷心渴望晉升、精力充沛的專業人士，我可能會很引人注目。事實上，有各式各樣的徵才活動，有些針對比較基層的勞工士、有些針對專業人士、有些則兩者皆有、有些還局限於特定行業，例如保安從業人員。和網路應徵相較之下，徵才活動公認的好處就是你和實際負責聘雇的人有一段面對面的時間——大概有一毫秒的機會可以留下深刻的印象。

我在軍方承包公司CACI International的網站上發現一場很有希望的徵才活動，之所以會查看這家公司的網站，是因為據說CACI的員工涉及伊拉克阿布葛拉伊布監獄（Abu Ghraib）的虐俘事件，因此這家公司就成為我實踐「危機溝通」技能的理想候選人。它的網站上鼓勵求職者在八月的徵才活動應徵[2]，而且網站上還保證這場活動將有其他一百多家公司到場招募人才，一定有公司在找像我這樣的專業人士。

活動地點在馬里蘭州郊區一家看起來很簡陋的小酒館裡，走進一處兩層樓高的中庭，中間有一座巨型的吊燈裝飾、粉紅與白色的假花盆飾，還有一對半裸男孩手捧燈飾的新古典式石膏雕刻。中庭再過去，可以看到一排排攤位切劃出如洞穴般的空間，這幅景象不禁讓我聯想起一年一度的書商年會。那裡有一百多個攤位，從ABC建材供應公司（ABC

Supply Company）到紐澤西威國地產（Weichert Realtors），還包括我去面試的AFLAC、家得寶（Home Depot）、男士衣倉（Men's Wearhouse），還有政府機關如：邊境管理局（Border Patrol）、後備空軍（Air Force Reserve）和新港新聞警察局（Newport News Police Department）。有些攤位還展示了他們公司的一些小紀念品：原子筆、鑰匙圈、高爾夫球座禮物袋。很多顧攤位的人都穿著印有公司商標的Polo衫，這顯示他們是層級相當低的小職員，不過誰知道呢？

到了十點半，大廳上擠了至少五百人，有些攤位吸引了長長的人龍，尤其是博思艾倫管理顧問公司（Booz Allen Hamilton）。而我，站在離服裝流行敏銳度最遙遠的企業領域裡，甚至還在許多求職者中顯得特別突出，他們大多穿著便服，有些人甚至穿了禁忌的無袖上衣和七分褲。但是階級在這裡並沒有占到什麼特別的優勢。我發現，徵才活動只是網路求職布告欄的具體模擬形式，在這裡我們不是送出履歷來爭取注意，而是親自前來會面，但得到的結果似乎一樣有限。所有的「面試」都是站著進行，即便是顧攤位的人也沒有椅子——這樣可以比較快速解決面試過程。當我排到隊伍前面時，試著從大手提包（我知道應該要拿公事包才對）裡拿出一份履歷，並展現急切但不絕望的笑容。每一次會談都只有一分鐘或更短的

2 七月大部分時間都花在艾倫瑞克的事務上。

時間，並且以握手作結。

為了暖身，我先去邊境管理局，仔細研究了一下有人騎在馬上的醒目海報。我問那個穿制服的工作人員：「我會有騎車的機會嗎？」他告訴我，邊管局官員的年齡上限是三十七歲，我坦承自己已經超過這個年紀很久了。接著我又轉到校園餐飲服務的主要供應商索迪斯（Sodexho）公司，更嚴肅地演練一次。那裡有兩個人在顧攤位，我和其中一位握手，然後有點太過乾脆地給他一記：「你們可以尋求一些公關上的協助。」和我握手的那位接待人員看起來有點措手不及，但我繼續緩緩地說：「你知不知道校園裡的反索迪斯運動？」[3] 現在另一個人揚起眉毛，承認他聽說過這件事。

「這件事我可以幫你們，」我告訴他們，提供我的危機溝通箴言：「你知道公關不只是要點火，它還要滅火呢。」

我在CACI嘗試運用同樣正面對決的策略，只是稍微緩和一點。那名收履歷的年輕女性（我應該要提一下，她穿了一件絕對不符企業界標準的荷葉邊裙）在我提到公關時一臉茫然，把我轉給躲在她身後一位穿西裝的男士。他們公司的網站並沒有列出任何公關職缺，但那對我來說不是障礙；重點是要說服他們，不管他們了不了解，他們都需要我的服務。我知道我只有不到一分鐘的時間可以用知識與技能讓他留下深刻印象，所以直接切入重點。

「貴公司可能需要重新考量公關策略。」我盡可能溫和地提出建議，還引用CACI的公關主任茱蒂．布朗（Jody Brown）在《紐約時報》上對虐俘事件傳言的回應，這點我已經事先研究過了。

「她說了些什麼？」他問。

「這是語言用法的問題，」我告訴他：「她稱之為『不負責任且惡意』[4]的傳言。換句話說，她在敷衍了事。你們需要以嚴肅的態度來處理這類事件——像是『我們很嚴肅地看待這項指控，並且已經著手進行全面調查。』」

他看起來好像真的很感興趣，至少眼神接觸持續了一段時間，所以我又急切地說：「你看，像她這樣的回應簡直是火上加油。熟練的公關人員職責之一就是要滅火。」

到目前為止我們一切都進展順利，早已超過了我限定的時間。他拿了我的履歷，並力勸我不要用電子郵件，而要改用聯邦快遞把我的履歷寄給茱蒂．布朗。

我離開時微笑著要求他：「不要把我說的話告訴她，好嗎？」當我兩度回頭匆匆一瞥

---

3 索迪斯公司在一九九〇年代後期，因為在私人營利的監獄投資，而成為第一家受到校園社運份子攻擊的目標。二〇〇三年，在該公司被控有實施種族主義管理的傾向後，學生們在一些大學校園裡再度發起「停用索迪斯」運動。

4 凱特．澤耐克，〈戰火所及：承包商〉（*The Reach of War: Contractors*），《紐約時報》，二〇〇四年六月十日。

時，他的視線仍然跟隨著我，這應該是個好兆頭，不過從他們的企業屬性來看，那實在讓我毛骨悚然。我趕忙跑去咖啡桌，桌上點心已被洗劫一空，在這難得的道德清醒時刻下，我認清了一項事實，那就是我的專業彈性並不包含為虐俘的傳言辯護。茱蒂不會收到我的履歷。

不久後我就看出，和CACI的互動過程在深度與延續性上都很不尋常。我發現到，這些公司的代表多數都未獲授權來處理專業人士的應徵；他們的確是在釣前線、基層的職員。黑水（Blackwater）是一家保全公司，接受美國企業和私人委託，提供伊拉克境內的維安服務。有兩位穿著黑水Polo衫的女士，聽到公關這個名詞時一臉茫然，然後又很快回復到嚼口香糖的一致動作。在提供「資訊科技管理服務」的國家資料銷毀協會，他們告訴我公司在巴格達的運作中心或許有空缺，但這裡不是應徵那工作的地方。我一家家地排隊，把履歷留給各家公司，包括貝塔分析公司（Beta Analytics）、北極鯨支援服務（Bowhead Support Services）、坎伯公司（Camber Corporation）、卡斯特公司（Custer Baattles，「一家國際商業風險顧問公司」）、伊多公司（EDO Corporation）、EG&G科技服務公司（EG&G Technical Services）、獨立航空公司（Independence Air）、伊諾瓦健康系統（Inova Health System）、SRA國際公司（SRA International）、泰羅斯公司（Telos Corporation）、優利系統公司（Unisys），和洛克希德•馬丁公司（Lockheed Martin）。每個地方的回答都一樣：公關是「企業職務」，我應該到公司的網站去應徵。

我嘗試和隊伍中其他的求職者攀談，但大多碰壁；畢竟，我們都在為那有限的機會競爭。不過，在EDO的隊伍裡，我發現自己排在一位駝背、大約五十多歲的人旁邊，從他的西裝和領帶看得出他也是一位專業同行。是的，他是一位經理，實際上是一位系統管理經理，已經找工作四個月了。我問：「你覺得這個地方值得來嗎？」

「嗯，他們只會叫你到他們的網站去應徵。所以我就在網站上應徵，一週後再打電話給他們，結果他們根本就不知道我是誰。」

「所以參加這些徵才活動沒什麼意義？」

「我還是會去，」他聳聳肩：「這讓我覺得好像有點事做。」

———

馬里蘭徵才活動後，我在公司網站上的後續應徵連個肯定的回覆都得不到，這樣的挫敗再加上電子郵件信箱持續無聲無息，種種跡象都顯示我訂的目標過高這個可悲的結論。當然，我怪罪金伯莉鼓勵我把自己想像成一位公關副總裁或類似頭銜的主管。事實上，我似乎比較像是AFLAC的料，假如以真正有薪水的工作來說，我則比較接近辦事員的層級。所以我嚥下了主管的驕傲，開始思考更實際可行的可能性。由於我打字慢又缺乏現今祕書必備的軟體技能，於是就應徵了一、兩個接待人員的工作——同樣沒有下文。我甚至還應徵過一個在交通運輸安全管理局（Transportation Safety Administration）指引飛機旅客的工作，直到我注意到欺騙聯邦政府可能面臨的懲處，這份工作不值得我冒險。我決定再參加另一場徵才活動，這次，我以一種更謙卑的心境，對任何事都持開放的態度。

我對Jobexpo.com公布的徵才活動會有什麼樣的工作同樣毫無概念，套句一位年輕的南印度資訊科技求職者的話，結果比馬里蘭州的那場還更慘，「完全是浪費時間」。這場徵才活動在紐澤西州愛迪生鎮的假日酒店交誼廳舉行，簡直就像是一場錯誤百出的畢業舞會：只有七家公司出席，沒有攤位，只有沿牆排列的展示桌，頂多只有三十位求職者在那裡遊蕩觀望。求職的人數這麼少，代表經濟的情況有所改善了嗎？或者，這麼稀少的潛在雇主，表示經濟情況更加惡化了嗎？但把雇主靠牆排列的交誼廳配置，像是一種奇怪的權力位置：他們是壁花，而我站在舞池的中央。

為了呼應我已降低的期望，我放棄了困難的「公關」頭銜，把我的能力擴展到「溝通」，或者就像我現在對外宣稱的：「任何與文字相關的事」，包括「講稿撰寫、演說輔導、內部溝通、傳媒關係」。我的第一站是AIL，一家在找業務代表的保險公司，站在桌後的人欣然邀請我下週三參加一場「集體面試」。他把「10：15，三」寫在一張卡片上，證明這家公司在用字或至少在縮寫方面的確需要一些幫助。美國電話電報無線公司（AT&T Wireless）也在找業務代表，但一個擅長文字表達的人同樣可以在此遇到足夠的挑戰。這家公司在活動簡介上的廣告詞是這樣寫的：

「你有天分嗎？你準備好要善用你的技能了嗎？例如你是個學得很快的人。你擅於找出解決辦法。還有你可以用專業的方式和別人相處。」

當我告訴AT&T的人我做的是「任何與文字相關的事」時，他回答：「所以你擅長的是人際關係。」然後收下我的履歷。

我一桌桌地晃過去，遇到賽柏公司（Ciber）的邁可，我和他聊到蟹餅，得知他放假都在契斯比克灣（Chesapeake Bay）玩風帆。我再次遇到一些邊境管理局的人，他們提到酒就有說不完的話題，每人都對酒鄉納帕（Napa）的酒讚不絕口，但南加州的酒也不遑多讓。當我的善意和逐桌拜會的精力都耗盡後，我晃到走廊，那裡有位年紀稍長的非裔美籍女士和一名淺膚色的年輕男性，坐在一張沒有靠背的沙發上。他們都沒有穿正式服裝，實際上那名男性還大膽地穿了有穗邊的運動褲，而且還戴了一只仿鑽耳環。「運氣好嗎？」我問他們，看到他們一臉沮喪的表情，還惱怒地揮揮手。「他們要的都是業務員。」自我介紹為馬克的那個男人說：「而我最討厭的就是推銷了。」

「來吧，親愛的，歇歇腳。」他們邀我坐在兩人中間——這實在有點擁擠，我和那位年長女士的屁股都碰在一起了。馬克說他是行政助理，但他似乎每件事都得做一點：製作促銷短片、即刻處理處方藥使用者的抱怨，而PowerPoint和Excel就更不用說了。「我不想改變世界，」他漫不經心地說：「讓那些執行長做就好了。只要給我一份工作，我就會把它做好。」他所有的工作似乎都是透過人力派遣職業介紹所找到的。「我想那就是他們要我們所有人做的事，」我推測：「派遣工。」

「對，」那女士說：「這樣他們就不用付你的保險費了。」

馬克堅稱這類派遣工作是讓自己在公司「找到立足點」的好方式，但後來又說了一件與此矛盾的事，他在兩個月內完成一項老闆本來覺得需要六個月才能完成的計畫。「他把我叫進去，然後說『再見』。我努力工作到失業的地步。」

「所以或許你需要放慢一下步調？」我鼓起勇氣說出口。

「是啊，」那女人附和：「拖一下工作。」

他們兩人都放聲大笑。我也跟著笑，不知怎麼了，我們就是停不住笑，腿貼著腿坐在那個無形的美國企業界之外。隔壁沙發坐著一個看起來很緊張的亞裔美國人，正在研究徵才活動參展公司的名單，連他也以內疚的笑容加入我們。他們要離開時我感到很難過，而我這才發現，馬克是州立職業介紹所提供的當地徵才活動公車巡訪團的參加者，他的女伴原來是巡訪團的公車駕駛。我驚覺，在將近一年的求職過程中，這是我第一次和一位求職夥伴一起笑得這麼開心，而他的層級卻遠低於我想像中的「主管」階級。

也許我應該問一下是否可以和他們一起去。不過他們有提到「這條街再過去」，在馬瑞奧飯店還有另一場徵才活動，於是我決定步行前往。問題是，在這寬廣的工業園區沒有人行道，而我那有點跟的鞋子一直陷進濕軟的草地裡，讓我走起路來搖搖晃晃。路上空蕩蕩的，除了幾名西班牙裔的男人（我猜他們是領日薪的勞工），他們不記得在附近看到過馬瑞奧飯店。一陣細雨從空氣骯髒的夏末天空裡徐徐而下，在我棕色的套裝上留下斑點，就在我正打算回頭時，馬瑞奧飯店的標誌赫然出現在左方。不過這裡只是馬瑞奧的中庭大廳，櫃檯人員告訴我，如果有任何徵才活動，比較可能會在另一頭提供完整服務的馬瑞奧飯店舉行。所以我又蹣跚地走過假日酒店，來到真正的馬瑞奧飯店，途中又和一些行人擦身而過，他們都是需要肌肉而不是履歷的階層。假如企業界是一座城堡的話，我已經被降級到要在它周圍徒步繞圈圈了。

唉，馬瑞奧飯店沒有徵才活動。我經過櫃檯直接走到交誼廳，發現一個寫著「大都會保險（MetLife）」的立牌，走廊上有一排豐盛的自助式午餐，整間大都會保險的職員坐在平行排列的桌前，很多人還在慢慢吃盤中的食物。我何不乾脆走進去坐下，假裝是他們的一份子？在拖著身體走回假日酒店前先休息一下，幻想自己已經找到工作，而且重要到可以被派到外地去開會？在法國電影《失序年代》（*Time Out*）裡，一位白領階級的失業男性從未對家人透露他的情況。他每天早上起床，假裝去上班，有一次甚至還進入一家企業的玻璃帷幕辦公大樓，提著公事包在裡面到處遊蕩，對遇到的每位忙碌職員點頭，還在中庭的一張扶手椅上輕鬆休息，直到他終於遭到警衛的盤問為止。如果你是個白人，而且手上沒有推著購物車，那麼你幾乎什麼地方都能去。

我裝了一盤雞肉捲和沙拉，然後溜進最靠門邊的座位。我旁邊那位穿著套裝的女士沒有注意到我，因為她忙著做好多事：一邊看著前方簡報的介紹，一邊咬緊牙根、拔除一根手指上的肉刺直到剩下血淋淋的殘屑。其他人似乎也都一樣注視著螢幕，上面寫了：「費率、承保規則與算法、經驗費率試算表、策略、u／w指導原則」。根據我所能理解的問題與評論，他們正在討論可以拒絕多少份索賠申請而不至於流失客戶。更有趣的是我們桌上可以拿到的玩具：我桌上的蠟筆、前排桌上的蠟筆和小罐的培樂多黏土。一名五十多歲的男人把他的黏土捏成了一個南瓜形狀的東西，每片南瓜瓣有不同的顏色。所以這就是在圈內的感覺——困難且提心吊膽，沒錯，但也有幽默的小鼓勵來復原心情。

然後有個男人從走廊走進門，直接走到我的面前。「我是邁可，」他壓低聲音，和我握手：「你是？」我給了他名片後，他想知道我是哪個部門的人。

「通訊。」我告訴他。

「哪一區？」

「啊，丹佛。」

他給了我一個心照不宣的微笑就離開了。我剛才怎麼沒想到，在丹佛之後再加一句：

「我們那裡正要展開一項新計畫」呢？也許他認為我是安泰保險公司（Aetna）或聯合保險（Unicare）派來的間諜，正準備要叫警衛進來。我給自己最後十分鐘把盤子清光、歇歇腳，這背後的痛苦實情是：這段幻想是我最能夠接近企業界的時刻。

整個九月我持續寄出應徵函並打電話、進行後續聯繫，直到極度的無力感把我淹沒。假如這是我的真實生活，而我的實際生計瀕臨險要關頭，心情一定會很焦急。但即便在這種新聞工作者偽裝求職者的情況下，我不免還是有被拒絕的感受。我一生當中，我指的是我真實的一生中，遇過種種怪異狀況，但總能設法成功或至少熬過去。我難道沒有勇氣、缺乏機智，甚至連一點點的魅力都沒有嗎？從什麼都沒有的情形看來——沒有人回覆、沒收到半點願意接受的表示，連表明興趣都沒有，這個問題的答案顯然是**沒有**。

接著，我也要坦承，自己其實很期待從企業界逐漸、且當然是自願地退出。根據原來的計畫，我要工作三或四個月——促銷公司增強性欲的藥品，或是為止痛藥所造成的死亡找出合理化的藉口，直到說再見的時刻。我會突然對困惑的老闆宣布我還有更美好的事要做，也就是我實際的生活。而且我那自由工作者的自由，**的確**比我在辦公室或小辦公隔間裡所能找到的任何東西都更好——現在我比以前更能看清這一點了。但我已不能再想像那完全是我自己的選擇。企業界已經宣示了，它一點都不願意和我扯上關係，即使是亞歷山大版本的芭芭拉，那個微笑、套裝打扮、永遠順從的我它都不要。

對那些無法挑剔社會地位或酬勞的人來說，美國當然有不少工作可以找。每年有成千上萬的移民湧進這個國家，做些草坪維護、建築工人或是家庭清潔工、保母、肉品加工的工作。即使沒有新的工作缺額，對那些勤快和絕望的人來說，低薪工作市場的高汰換率，確保了穩定的職缺。對白領階級的求職者來說，這些是大家都知道的「謀生工作」（survival job）——在等待「真正」的工作上門前有點事做。但這個目標可能有點過於樂觀。

到了九月底，求職生涯正式結束，我開始試著去追蹤一些求職者的後續狀況。當初我收集了他們的名片以便進行嚴肅的訪談，告訴他們我在為一份商業刊物寫一篇有關失業白領的文章，以便一邊繼續找工作一邊賺點外快。（不久後，我再度聯絡他們，告訴他們這篇文章已經擴展為一本書，而且照例會用我的筆名芭芭拉．艾倫瑞克來寫）。有十一個人回覆，沒有一個找到「真正」的工作。即使是那些初遇時相當具防衛心的人，現在都很熱切地想談談他們的策略，而大多數策略都包括先找個謀生的工作再說。

當然，並非每位失業的專業人士都必須考慮找個謀生工作，至少不是馬上就這麼做。許多我求職時遇到的人，都已從職業生涯中累積了足夠的資產，可以讓他們輕鬆撐個一、兩年，即使同時還掏錢出來給職涯教練和職業仲介公司也沒問題。其他人則利用各種不同的策略來維持中產階級地位：他們把持家無業的配偶送出去加入低薪的勞力市場、放棄了只和奢侈沾上一點點邊的享受，例如外食和其他的娛樂活動、在自家前院變賣珍愛的家當，或在網路上拍賣、搬到比較小的房子。五十二歲的約翰．皮爾仁是被裁員的資訊科技業人士，有兩名年幼子女，他這樣形容他的家庭努力苦撐下去的情形：

「我們限制多久出去一次，而且停用信用卡。很幸運地，我們的房貸還滿低的（一個月大約六百五十美元）。問題比較大的是水電瓦斯費，費率一漲再漲。我們把窗戶打開，減少使用冷氣。我們為了孩子保留有線電視，還有方便求職的高速網路。」

皮爾仁五歲大的孩子必須上托兒所，一個月要花一百二十五美元。他太太有一份「裝填信封」的臨時工作，夫妻倆現在和許多上班族夫婦一樣，分配時間來照顧小孩：「我顧白天，她顧晚上。」

失業保險金是失業者可以先依靠的救濟，但這保險只提供原來薪水的六〇％，而且二十六週後就中止。二〇〇四年，三百六十萬失業的美國人在尚未找到工作前，失業救濟金就用完了[5]，而當這種情況發生時，即使是中年人也都轉向父母求救。四十五歲、從事通訊業

5　利蘭，〈失業者等待新職時間增長〉。

的希拉蕊．麥斯特，一場大病使她暫時不能找工作，因而搬回父母所住的城鎮。「如果沒有我的家人，」她說：「我一定早就流落街頭了。」以前做行銷的史提夫，考慮要學些有關酒的知識，以取得在一家高級餐廳當服務生的資格，他打算放棄目前月租八百四十五美元的公寓，改租一間附有廚房設備的房間。「我只需要一個可以讓電腦充電的地方就可以了。」他也坦承：「我的家人都還在幫我。否則我幾乎就要流落街頭了……但他們一直在問：『你到底怎麼了？就去找個工作，任何工作都好。』」

不幸的是，最終聽從這種建議的前白領勞工人數，並沒有可靠的資料可查詢。美國勞工統計局衡量「未按專長充分就業」（Underemployment）的標準只以時數來計算；也就是說，只有當你在兼差卻比較希望做全職工作時，才能正式被稱為未充分就業。二〇〇四年三月，失業率是五．八％，如以非自願兼職來嚴格衡量，未充分就業率則是一〇％。至於受雇於未利用其教育或已有「技能組合」的低薪工作人員之比率，則沒有可靠估算數據可查詢。

不過，我倒是發現不少處於這種情況的人——以必須從事不符合其技能的工作來看，從失業到未充分就業都有。例如，史提夫試過沃爾瑪，但發現「對一名專業人士來說，這是很艱苦的工作。他們找的是薪水很低的人，例如一個小時八塊錢。」正如我前面所說，他現在考慮到一家很高級的餐廳當服務生，說不定在那裡能有和顧客攀關係的機會。以前做過廣播新聞記者和公關的蓋瑞，告訴我他目前在百思買（Best Buy）、電器城（Circuit City）和家得寶找基層的職務。這些人一旦找到了服務生或業務「助理」的工作後，在聯邦政府的眼裡就不再是「失業」的一員了。就整個大社會而言，案件結束，問題解決了。

其他長期失業者沉淪到更低的社經地位，做一些通常由新移民或完全無學歷者所做的工作。約翰・皮爾仁從一位資訊科技業人士淪落為替人搬家的臨時工，能找得到的他什麼都做。希拉蕊・麥斯特試過在聰明寵物館（PetSmart）幫狗洗澡、美容，直到過敏發作為止。四十一歲的資訊技術人員迪恩・葛茲喬克在開接駁巴士。我在蒜烤餐廳遇到的前行銷主任莉亞・葛雷，自二〇〇一年首度被裁員後，就一直在做卑微的底層工作。

「從刷馬桶到打掃公寓的時薪八塊錢工作，我什麼都做過。這種工作我做了八個月，唯一得到的好處是瘦了大概十公斤。這讓我能夠重新以感激的心情，來看待絕大多數都是做這種工作的西班牙裔勞工。」

莉亞的求職過程有時壓力十分沉重，她在一封電子郵件裡寫著：

「這麼多逼不得已的情況對我造成很大的傷害。我經歷了許多個『第一次』。第一次，我被送到急診室，診斷出得了嚴重的恐慌症……我必須把車子停到路邊，趕快打九一一。我的心跳加速、喉嚨腫痛、全身麻痺，開車技能受到嚴重的影響，使我無法握住方向盤，而且我開始發抖得很厲害。這絕不是一次愉快的經驗。第二個『第一次』，我實在很不好意思承認，我接到大略估計是九百美元的治療費帳單催繳通知……第三個『第一次』是，我現在負債七萬三千美元，到我信用卡刷爆前，我還有一萬六千美元……所以，我還真的開玩笑說，我不介意自己的身分被盜用。因為那樣我就不用擔心債務問題了。」

當我十月和莉亞談話時，她才剛開始在一家連鎖零售店工作，「整天站在水泥地板上」，時薪七塊六，而且沒有福利。她覺得這一次她沒有什麼選擇的餘地：「我做（這份工作）的一個理由是，我試著選離住處八公里內的工作，因為我不想把錢浪費在汽油上。」

像這種瘋狂的另類替代方案，需要某種程度的彈性，這是多數有創意的教練想都沒想過的。就拿有兩個孩子的非裔美籍單親媽媽唐娜．優多維克的例子來說好了，長達八年的求職過程把她轉變成一位傑出的「萬事通」。當她離婚後搬到喬治亞州時，就像我在科羅拉多州的姊夫一樣，發現若是沒有投下鉅資去修更多的課，她的教師資格根本一無是處。自那以後，她大概什麼事都做過：在喬治亞電力公司（Georgia Power）開卡車、在UPS託運公司做郵件分類、在影印店工作、安裝磁磚和硬木地板。我九月和她通話時，她正在當一天九十美元的代課老師，在沒課可代的日子裡，就縫製訂做的洋裝來賣（這可不是普通的技能）。她告訴我：

「當你到了四十八歲的時候，你預期根基已經打好，可以坐下來，而且知道你的錢會從哪裡來……但我已經做得頭昏腦脹了……我還有孩子要養。沒錯，我很喪氣，但為了生活，該做的我還是會做。我本來符合拿食物券的社會福利資格，但他們停發了。現在我要試著再把這福利要回來。」

健保則是失去已久的奢侈：「我只能確定自己保持得非常健康，」她笑了起來：「吃得好、服用我的草藥、每年在一家分級收費的診所做定期檢查。」當我問到她為何還能談笑以對時，她說：「我最多也只能做到這樣了。我已經沒有多餘的眼淚可流。」

在一個人淪落到低薪、卑微的工作時，不是希望那等待已久的電子郵件終於到來，提供一份更適當的專業工作，不然就是希望那謀生工作會提供一條向上流動的途徑。但這份謀生工作可能會阻礙更佳工作的尋求。教練們強調找工作就是一份全職的工作，對此我雖然存疑，但找工作這件事很容易一天就消磨掉好幾個小時——對那些做謀生工作的人而言，是不可能有這些時間的。「一天工作十到十四個小時下來，實在很難繼續找工作。」那個由科技人轉為接駁巴士司機的迪恩．葛茲喬克告訴我：「我得暫時減少求職面試。我所剩的時間只夠啃一口漢堡而已。」想要上課學酒的史提夫有一些失業朋友在家得寶和勞氏五金行（Lowes）做事，「但在搬了一整天東西後，他們累到沒法再去找工作。」莉亞．葛雷遇到另一名失業者和未充分就業者熟悉的問題：雖然她的體重在做體力勞動的工作後有減輕一些，但過去這一年來的壓力卻造成她體重增加了近十四公斤，而她買不起一套參加面試用的新套裝。

蓋瑞失業不久後，他懷孕的太太必須辭掉工作在家臥床安胎，而對於透過大型連鎖店的謀生工作爬升到管理職的機會，他抱持著樂觀的態度：「光是想像再回到往常的生活方式，感覺就很好。這可能會導向某種大機會，你總要一腳先跨進門裡，必須先保持樂觀積極的態度。」同樣地，史提夫相信假如高級餐廳服務生的工作沒有成功，到星巴克當一名咖啡店服務生，可能也得以成為時薪十美元的值班主任，不過他知道「你必須非常操勞」，才能做到那個職位。很多失業白領不知道的是，他們的專業前景與展望，可以反過來阻礙他們在謀生工作上的成功。約翰．皮爾仁離開了睿俠公司（Radio Shack）的工作，因為他有自己的管理觀念，而且「不喜歡他們做事的方式」。唐娜．優多維克有一次被開除，因為她拒絕放棄專業形象：「老闆告訴我不要穿成那樣——我穿裙子和套裝。他們要我穿藍色牛仔褲……他炒我魷魚，然後告訴我是因為我穿衣服的方式。」就凱瑟琳．紐曼在《失卻天恩》的觀察：「對於如何超脫過去的自我，沒有任何方針；對於這存在於社會文化真空中陌生的、向下流動的變動，也沒有任何的教導或訓練。」[6] 他們所受的職責訓練，是至少需要一點領導能力和創新，對於突然喪失地位，並沒有心理準備。

而且不論他們有多樂觀、多有創意和彈性，失業者和未充分就業者都明白，時間永遠在身後滴答作響。失業的時間愈久，你找到適當工作的機會就愈小，而且像「業務助理」、「接駁巴士司機」或「服務生」這樣的工作，對你履歷中愈來愈大的空窗期來說，也不是什麼吸引人的紀錄。同時，你的年紀必然已經過了職業吸引力的高峰，現在這高峰大概在三十多歲左右。經歷不算是一種優勢；事實上，正如理查・賽內特對企業聘雇的觀察：「當一個人累積更多的經驗後，就失去其價值了。」[7] 所以一旦你掉進低薪、謀生工作的陷阱裡，留在那裡的機會就很大──從一個更寬廣、更有希望的世界勉強移居至此。

一九六〇年代中期，毛澤東做了一項讓社會階級無預警向下流動的實驗。在他的無產階級文化大革命中，有一部分是將成千上萬的管理階級和專業人士突然下放到農村，在田間和農民一起工作。他們是對國家經濟發展非常重要的一群人。表面上看來，這個計畫讓被下放的專業人士能體會他們本身福祉所植根的辛勞耕種，就像莉亞・葛雷開始能夠尊重那些支撐

6 紐曼，《失卻天恩》，頁十。
7 賽內特，《職場啟示錄》，頁九十四。

北美經濟的西班牙裔勞工的辛勞一樣。但無論這社會階級的向下流動對整個社會有什麼補償價值，從事一份「謀生工作」的經驗，對那些受過訓練、預期有更美好榮景的人來說，是很心酸的一件事。毛澤東強迫移居的人，並沒有變成更好的公民，實際上很多人都因這樣的經歷而一輩子痛苦怨恨。在一個完全以收入和地位來衡量價值的社會裡，情形或許還更嚴重，社會階級的向下流動帶來一種失敗、被拒絕和羞恥的感覺。

我沒有追隨我的求職夥伴們到謀生工作的世界中。我在這項計畫裡所占的優勢是，只要輕鬆說聲「遊戲結束」，然後再回到尋常的作家生涯就可以了。而我的求職同伴們仍在那裡徘徊，飄蕩在無底的深淵之上。

Conclusion

Bait And Switch

結語

我有可能做得更好嗎？回顧過去將近一年的求職過程，我可以找出很多後悔的事。例如有好幾週沒有「更新」我在求職網站上的履歷資料，也就是說，只要稍加調整一些小地方，即使是標點符號也好，我的履歷就可以在成堆履歷中重新被放到最上面。另外，還有很多後續聯絡的工作沒有切實做好，像是沒有打電話追蹤履歷，不過這通常是因為找不到聯絡人的姓名。也有可能是受到總是積極主動的金伯莉所鼓動，我把最初的目標訂得很高，把自己定義為「主管」階級，而且在希望待遇欄位過於自負地填上年薪六到七萬美元。還有，不管明智與否，沒有善加利用像「疾風履歷表」（résumé blaster）這樣的服務，只要付費就能把你的履歷任意傳送至上千家公司——我認為這會讓各家公司備受騷擾。

事後回顧，可以看出我那份美化後的履歷中

有一些可能被排斥的特點。在那份履歷裡，我把諮詢客戶的機構團體改為實際的雇主，藉以填補我的職業空窗期。再來，我把自己在某所大學新聞學院以自由工作者身分接辦活動策畫的經歷，改成教導公關系學生的客座教授，這的確還滿接近事實的，不過我實際上是教大傳系的學生論文寫作，而不是公關系的學生。當時我的想法是，一個實際做過各種工作的人，會比一個只是在短期合約間跳來跳去的人更有吸引力，而且當然囉，教師的身分應該非常夠格稱得上是實務工作者。但我選擇的這份特殊職業可能導致我的履歷立刻被刪除。一直到求職過程接近尾聲時，我才從麥爾所著的《主管心憂憂》中學到「學術界的臭氣」很可能會搞垮你的職業生涯道路。[1]

像年齡這種比較不能變動的屬性，也可能對我不利。履歷只透露我的年紀可能在四十歲以上，但即使這相較其他失業者來說還算年輕的年紀，卻可能還是嚇退許多潛在的雇主。商業記者吉兒．佛雷瑟警告我，除非有人想要找「媽媽型的祕書」，否則一位四十歲以上的女性是很難被雇用的。很多人都提過年齡問題，其中，凱瑟琳．紐曼記錄了企業界的年齡歧視問題，她援引一位華爾街主管的話：「〔假如年過四十，〕雇主會認為你不再用大腦思考了。過了五十歲，〔他們〕就認為你已經油盡燈枯了。」[2]但愈來愈多五十歲以上的人延後退休時間或仍在找下一份工作，部分原因是能享有退休金的人已變得十分罕見。勞工部估計到了二〇一二年時，五十五歲以上的勞工占總勞動力的比例，將從二〇〇二年的十四％上升到十九%。[3]

另一項不利的條件則出自我偽裝觀察的事實。和我同齡的普通求職者，在失業時應該早就建立了一堆可以投靠的人脈關係，也就是透過之前工作單位和社交關係所認識的人。很明顯地，我不可能投靠朋友，要求他們幫我在公司暗助我臥底的身分，或是拿自己的信用冒險替我在其他公司做擔保。我比其他求職者更須完全靠自己，而且也必須在一個陌生的環境下挖掘新的人脈關係。

但我對這件事情已經全力以赴了。交輔導費給職涯教練、到各地參加關係連結的活動和主管求職的訓練課程、做過一次外表形象改造，而且嘗試軟化向來直率的性格，使自己變得比較「平易近人」並具備「團隊精神」，不過這部分可能沒那麼成功。我每天花很長的時間趴在電腦前，還有打電話。我至少讀了十本談如何連結、如何面試，和如何自我推銷的書。沒錯，我可以付四千美元給像麥卡錫這種公司來改善自己，讓他們帶領我進入他們的關係人

---

1 麥爾提到一位朋友在出版社的工作已經走到死胡同，顯然是因為他具有英語碩士學位，而且曾經教書好幾年：「就因為這樣，他始終無法融入那個圈子。」（頁一六九）。

2 紐曼，《失卻天恩》，頁六十五。

3 波特和華許，〈退休金和福利縮水後，退休成了中途休息站〉，《紐約時報》，二〇〇五年二月九日。

脈裡。然而，我已經花了六千多美元在各個教練、旅行、訓練及連結課程、書籍上，還有在「菁英」或「VIP」級求職布告欄求得一席之位。如果這世上還有完全不同的求職方法，我遇到的所有求職者似乎都不知道呢。

在這麼多運氣不好的求職者當中，很多人求職成功的可能性比我還大，因此我相信，我的求職努力做得應該還不算差。求職時遇到的人，大部分都有比我年輕的優勢，對企業界及其期望熟悉透徹，至少他們在失業前的履歷，都算得上沒有職業空窗期。在很多案例中，他們管理過眾多職員、處理過龐大的財務、完整執行過重要的計畫，有的甚至在大受褒揚後，被要求收拾桌子走人，而且通常很突然。他們像我一樣利用求職布告欄、連結團體，還有主管的「過渡」課程。事實上，我猜很多人都比我更規律地想把求職轉變為一份在家進行的全職工作。但幾個月後，多數人都和我一樣，連一份工作的邊都還沾不上。

不過就某種意義來說，我還算成功。就算我並未跨越企業界的門檻，至少也嘗過白領階級最悲慘、最不安定的生活階段。我所受的教育並不是為了面對這樣的世界，我想，這也不是我在這個世界中遇到的多數求職者所預期的。

那些像我和求職同伴們一樣的美國中產階級，如新教徒一般、對人生懷抱期望地成長，以為努力工作會獲得安逸的物質生活作為報償。這個古老觀念對勞工階級來說，從來就不是實情，多數人的工資根本不能和付出的辛勤勞動相比。如今，社會學家都同意，這個觀念對那些構成企業體制、受過教育的中產階級而言，也愈來愈不真實。正如社會學家羅伯特·傑柯做出的結論：「成敗與否似乎和個人的成就沒有多大的關係。」[4] 我在求職期間遇到的失業者，有些是大幅裁員下的無辜受害者，有些則正值職業生涯的攀升階段卻突然被解雇。我在主管網站課程中遇到的保羅就說，他被裁員正是因為他的高薪。莉亞·葛雷說，她被上一份很好的工作單位裁員前，才剛獲得備受讚美的評價。傑夫·克萊門在他被炒魷魚的同一週，才因他部門的優秀表現受到營運長表揚。

正如馬克思所觀察的，雖然他出乎意料地讚賞資本主義的活力，但他認為資本主義從來就沒有辦法擔保穩定性，像IBM這種績優股公司提供終身職給白領階級員工，已經是上個世代的事了。如同暢銷書《誰搬走了我的乳酪？》（*Who Moved My Cheese?*）的建議，流離失所的專業人士在舊的乳酪被搬走後，必須學習適應新乳酪的口味。但是當有技能和有經驗的專業人士屢屢發現他們的技能沒人要，或是經驗被打折扣時，那就表示一定是發生了什麼問題，深深地切斷維繫我們的社會契約。

一次次的失業，就算沒得到什麼，也多了一些時間來思考到底怎麼了。習於每週工作六

4 傑柯，《道德迷宮》，頁四十一。

十到八十個小時的人，無論是在辦公室、在家或通勤，都突然發現自己多了好多時間。這些時間不只讓你可以好好省思，問自己：「**我真正想做的是什麼？**」（這是職涯教練總敦促你去思考的問題），同時還讓你更廣泛地思考：「**這幅生涯規畫圖到底哪裡不對勁？**」

而且你不需要獨自去面對這樣的問題。人們都有一種自然傾向（我認為這是種向外擴展的傾向），想去接觸其他處於類似不幸處境的人。乳癌患者、賭徒，還有久債纏身者，常常以支持團體的形式固定聚會，以求得安慰與實用的小道消息。而現在，企業裁員的白領受害者或許比其他任何時候更有機會一起面對共同的問題。多虧了「過渡產業」，有許多連結活動和輔導課程讓失業者和岌岌可危的就業者能夠固定聚會、分享。這些活動可能引起廣泛的討論，或許會促成某種行動。

不過根據我的經驗，這樣的討論或行動都不會發生。[5] 當失業者和焦急的就業者向外尋求人為幫助和團體支持時，回應的援手常常顯現出掌控與掠奪的性質。有鐘點費要價兩百美元的教練，他們煞費功夫拖延履歷的修改美化，以大眾心理學來授課；有側重主管的公司，出售辦公空間和一次施捨一個名字的人脈管道；還有在全美各地教會的廣告中自稱有具體幫助的團體，但結果除了個別教派的宗教慰藉外，其實提不出什麼實質的幫助。在這些場合中，任何關於經濟及企業的統治這類可能具破壞性的談話，都不容許發表。

我可不是說這種壓制意見的做法是故意的。即使失業者和憂慮的白領階級勞工被允許自由討論失業的情況，對於這類討論可能造成的改革威脅，也沒有人會公開提出警告。但無論那些教練和連結活動組織者的動機為何，他們努力的**結果**就是轉移大家提出的難題，以及這些問題可能暗指的異議，使大家不去注意。

例如，他們屢屢告訴我們，要把求職當作工作本身，最好找位朋友或教練來「監督」，這些似乎都是用來預防煽動性思想的。求職者的大部份「工作」——網路搜尋與應徵，都公認沒什麼效果，除了填補原可用來省思問題根源的時間空檔外，似乎並沒有什麼功用。然後，再來看看教練提議比網路搜尋更能善用時間的活動：關係連結。連結的機會創造了失業者間團結一致的可能性，讓大家有藉口聚在一起，交換個人故事，或許還可討論共同的解決辦法。但由於連結的性質使然，容易破壞和求職同伴間最初的團結，最好的情況是彼此提供管道或消息的來源；最壞的情況則可能被視為競爭對手。

在我參加的許多活動中，即使是初步的人際連結也是不被鼓勵的。我離開一場十到五十人參加的聚會後，往往還是不知道任何人的姓名、職業或生涯軌道，我對這一點感到氣餒，除非我設法在前往停車場的路上，攔住一些參與活動的同伴們，否則根本不可能找到連結

---

5 有一個例外是在華盛頓特區四十以上俱樂部的一次聚會裡，有人提到失業保險迫切需要改變，不過沒有人提出任何具體的行動。

的機會。部分原因是，多數活動都包含許多繁重的「填塞資料」內容——財務與網路資訊、《聖經》教學等，以至於沒有多餘的時間可以進行非正式的社交活動，結果永遠是必須捨棄嚴肅的討論或個人經驗的交流。在我參加的連結活動和輔導課程中，人們常常都因能夠和其他處境相同的人有所交流，而表達出感謝之情。「至少現在我知道自己並不孤獨」是他們共同的心聲。但這些活動所提供的經驗交流實在很少！

最後，再看看這些經常要我們保持或培養「必勝態度」的指示。不用說，一個微笑自信的人在面試時會比一個抑鬱的人更成功，但這個指示不只適用於特定互動下的自我表達：你必須要實際**感覺**「積極」，像個勝利者一樣。你必須放棄任何「負面」的想法，也就是說，你尤其要放下因失去上一份工作而持續累積的怨恨。我引用了一個網站裡的警語：「假如你很氣前任雇主，或具有負面的態度，對方是看得出來的。」禁止生氣似乎不太可能培養出真心的接受或「復原」，而且這一定會抑制任何有關企業體制問題的談話。「我為公司付出這麼多，為什麼還會被遣散？」這個痛苦的問題在還沒有說出來以前就被截斷了。

「過渡產業」造成可思考的範圍變得狹隘，並排除集體行動的可能性，而這不只是透過給求職者的指示所造成的。在針對白領失業者的書籍、輔導課程和連結活動中，求職者若想對自己的狀況做更廣泛的社會性了解，沒多久就會遇到具明顯敵意的意識形態。根據我的經驗，最突出的就是類似爾夏訓練會責怪受害人的意識形態，以派屈克·諾爾斯和他推薦給魔鬼訓練營學員的書為代表。回想在魔鬼訓練營時，當有人怯怯地暗示說，可能有一個受到市場界定或由執行長們統治的外在世界時，這個說法立即遭到駁斥；這個世界只有我們這些求職者，必須改變的是我們。要保持必勝態度這個常聽到的說法，則更委婉地傳達同樣的訊息：要內省，不可以向外看；這個世界全由你的意願而行。

表面上看來，在「生涯事工」或熱忱的基督徒商業人士運作的活動中，所看到的是基督教意識形態直接反駁了類似爾夏訓練會的哲學。對派屈克或是像麥克．賀納基這樣的作家而言，唯有你個人須對自己的命運負責；對求職的基督徒而言，唯一要扛起責任的是上帝。賀納基認可這樣的衝突：「過去當我表達這個訊息時，有些人的反應很生氣，說這樣多少否認了上帝是萬物起源的存在性。」但他機警地看出解決的方法：「假如你相信上帝是萬物的起源，而這萬物的起源和你是站在同一邊，透過你來運作，你就再也沒有託言無助的藉口了。」[6] 換句話說，禱告給予信徒的無限力量，和賀納基運用其思想而得到的無限力量是一樣的。它們表面上看起來似乎不同，但個人意志的無神論哲學和我所遇到的、受曲解的基督教義，都提供了對於全能的幻想空間。如果你可以透過自己的心志努力——只靠禱告或足夠的專注而成就任何事的話，就沒有必要對抗形塑你生活的社經力量了。

6 賀納基，《心想事成的祕訣》，頁五十五至五十六。

假設這個過渡地帶鼓勵沒有範圍限制的討論，那麼談話的話題會是什麼？剛開始，大家可能會想提出現今企業界到底怎麼了；尤其是，經驗為什麼看起來那麼沒有價值？成就所得到的報酬何以那麼不可信賴？有些人可能會不同意**企業界**是個模糊的抽象概念，隱藏著一個具有豐富多樣性的環境，但這個名詞在我的求職同伴間使用得很普遍，他們常常表達希望逃出企業界的想法——例如，踏進小型企業，或是他們認為比較有意義的工作形式。說到我想在企業界謀得一職，這似乎和許多求職同伴的想法相左，他們常常表達出想退出企業界的強烈欲望。

希拉蕊．麥斯特這麼說：「最近公司愈來愈冷漠了，那裡已經不再有安定感，很多都和貪婪有關。」唐娜．優多維克附和她的意見說：「現在的公司好冷血。沒有警告、沒有道謝，只有一句：『把你的東西收拾一下，明天不用來了。』」我所遇到的求職者，除了想念他們的薪水和福利外，沒有人表達出懷念工作場合的同事情誼，也許是因為他們感受過的同事情誼太少了。我訪談過一個人，當她在最近這份工作中勉為其難地承認曾接受癌症治療時，她感覺隔天起就幾乎被烙上要被炒魷魚的記號。面試時，每個人都很友善；但在得知她的病情後，他們的行為開始讓她的生活變成「人間煉獄」：

「這實在是不可思議。他們好像在躲我。我覺得他們在找我犯的每一個小錯誤……他們沒有讓我上新訓課程。他們不希望我要求回饋。」

做過資訊科技人資與業務的傑夫・克萊門告訴我：

「我對美國企業感到不滿與憤恨，因為我看過太多為追求利潤而不擇手段的決策。安隆或世界通訊的案例只是冰山一角。我確實覺得因為道德觀的關係，我才會丟掉上一份工作。實際上還有人問過我：『你的價值觀比你的薪水值錢嗎？』他們認為你整日惹麻煩，那就回家去做你的美國大夢。」

企業當然不能為員工提供一個完全穩定和成長的環境：生意可能失敗、顧客品味可能改變、科技每天都在進步。換句話說，那塊乳酪一直在移動中。但我們確實預期企業要提供就業機會，至少那是給予每一家企業減稅、政府補助或放寬法規的根本目的。舉例來說，最近的企業稅收優惠是由「美國就業機會創造法案」（American Jobs Creation Act）所規範，名稱是很吸引人，不過在鼓勵創造就業機會上毫無建樹。他們總是告訴我們，民選官員嬌寵企業是為了**我們**好，沒有其他方式可以製造工作機會。

不過幾十年前，創造就業機會的職責在企業界曾經是排序較高的當務之急。執行長可能和董事會對立，堅持要留下員工而不是為了提高短期紅利而裁員。美國商業銀行（Bank of America）創辦人的女兒克蕾兒・基安尼尼（Claire Giannini）回想起那段「主管主動降薪，以使基層員工得以留任」的日子，對她家族公司內龐大的裁員行動深感震驚。[7] 一家企業在法律上或許被視為一個「個體」，但我們知道它包含了成千上百個實際的人——這也就是**團體**（corporate）一字作為企業（corporation）原始意義的由來。

有所缺損的就是企業的團體或集體這部分。有兩種合法的賺錢途徑：增加銷售或削減開支。在多數案例中，企業運作的最高開銷就是薪資支付，也因而成為削減的誘人選項。此外，很多投執行長所好的兼併與收購，在經濟考量下無可避免地造成了裁員。「人事精簡」可能多少都成了取悅股東的例行常規，而多虧了員工認股選擇權，現在的股東也包含層級很高的經理級人員。

高級管理階層可能經由削減他人的工作機會，提升自己的薪水。這種趨勢一九九〇年代中期很明顯：大幅裁員的總裁們比那些沒有裁員的總裁待遇好很多。[8] 過去幾年來，外包讓總裁們獲得最大的報酬：服務性工作外包最多的五十家美國公司，薪資增加的速度比其他沒有外包的公司快了五倍。[9]

用很白話的生物學名詞來說，企業已經成為內部掠食的場所，一個人可以靠削減他人的工作而得到升遷。約翰・米勒（John G. Mille）在他的商業建言書《QBQ！問題背後的問題》中引用了「一家財務機構裡一位資深領導人」的話：

「有時候會有人對我說：『我不想冒險。』我告訴他們：『你和我最好冒險一試，因為這棟大樓裡現在大約有一打的人坐在電腦前，企圖除去我們的工作。』」[10]

---

7 這一段話引述自亞倫・唐斯（Alan Downs），《企業處決：裁員的醜陋真相——企業的貪婪如何動搖生命、公司和社會》（*Corporate Executions: The Ugly Truth About Layoffs-How Corporate Greed Is Shattering Lives, Companies, and Communities*），頁三十一。

8 唐斯，《企業處決》，頁二十八。

9 約翰・凱文那、莎拉・安德森、克里斯・哈特曼、史考特・克林格和史黛西・陳（John Cavanagh, Sarah Anderson, Chris Hartman, Scott Klinger, and Stacy Chan），〈管理無度二〇〇四：競選獻金、外包、無花費的股票擇權和高漲的總裁薪水〉（*Executive Excess 2004: Campaign Contributions, Outsourcing, Unexpensed Stock Options, and Rising CEO Pay*）。參見www.faireconomy.org。

10 約翰・米勒，《QBQ！問題背後的問題》（*QBQ! The Question Behind the Question: What to Really Ask Yourself to Eliminate Blame, Complaining, and Procrastination*）。

還有管理顧問大衛・諾爾（David Noer）的觀察：

「過去組織把員工視為可培養與發展的長期資產，現在則把員工視為應當縮減的短期開銷……他們認為人不過是種『東西』，是生產方程式裡的一個變數，當獲利與虧損數字不如所願時，是可以丟棄的『東西』。」[11]

這種達爾文式的競爭當然是有極限的。到了一定的時候，那些倖存者不管再怎麼努力，都無法再承擔被解雇者的工作。

所以失業者和岌岌可危的就業者可能會問的另一個問題就是：這是做生意的方式嗎？公司和員工之間以相互忠誠為基礎的「舊典範」已成往事，有些管理顧問一方面鼓勵大家要接受這似乎無可避免的結果，但一方面還辯說，這種「組織瘦身」的趨勢最終會破壞企業，因為那些精疲力竭、沒有安全感的倖存勞工，將承擔愈來愈多留下來的工作。

當失業者向外求助時，他們就進入了一個暗中操控的文化：一個我完全陌生的文化。我過去對另一種機構文化背景比較熟悉——學術界，因此我想像企業文化會和大學環境非常不同，例如比較不會浪費精力在傳統形式或自我放縱的人格衝突上。當我開始接觸企業界時，

我預期會進入一個活潑的、合理的、沒有廢話的領域，幾乎就像是軍隊，或至少像是有紀律的新式軍隊，專注於具體的結果上。否則，公司怎能在激烈的競爭下生存呢？但我所遇到的，是個被假設撕裂的文化，這些假設和以事實與邏輯為基礎的假設無關（像是科學界和新聞界），這個文化熱衷於未經檢驗的舊習，因服從規範而癱瘓，而且被迷思所貫穿。

當然，我從來沒有正式被企業界任用為一般員工，但我絕對有理由相信，潛入失業者所占據的過渡地帶讓我得以相當準確地瞥見其文化。首先，提供輔導課程的人、領導團體課程和推動連結活動的人，他們自己大都是企業界的老兵。此外，有些過渡企業不只服務失業者，同時也有企業界的客戶，為在職主管與其他專業人士提供諮詢與激勵課程。因此，過渡產業的意識形態和期望與一般的企業文化應該不會相差太遠——而且我發現大部分都是讓人不安的愚蠢文化。

舉例來說，依賴沒有實徵性根據的人格測驗，深信人類可被分成九種獨特「人格類型」的假設，這些都和中古時代決定心情與健康的「性情」（「易怒的」、「壞脾氣的」，諸如此類）概念相呼應。還有一種近乎靈數的命理信念，認為事情一旦被歸類並計數過，那麼一切

11　大衛・諾爾，《療傷：克服裁員的創傷，讓人事精簡的機構恢復活力》（*Healing the Wounds: Overcoming the Trauma of Layoffs and Revitalizing Downsized Organizations*），頁十七。

就都闡明了，就像「七習」、「四能」、「成功的六十四條法規」一樣。列舉細目在記憶上也許有用，但它們不是一種分析的工具，而且無論主題是化學或行銷，對於照亮這個世界都沒什麼用處。

我所遇到的企業界最怪異的一面，或許是它不斷強調「個性」和「態度」。和學術界一樣，在新聞界裡古怪或難以相處的人我都司空見慣，只要如期交稿或是學生掌握好主修科目，就沒有人會抱怨。但是這條企業界的道路上，充滿了提升或改善個人性格的警告。教練實施人格測驗，而且談到樂觀與平易近人的重要性；網路和書上的建言都極力主張要徹底重新調整個人的態度；連結活動強調不斷「提升」的必要性。其他的求職者都同意，成功有賴個人順應周遭小眾文化（microculture）的能力。就像希拉蕊．麥斯特所說的：「假如他們找到一個和他們處得來、個性適合的人，他們就會喜歡他。在現今的面試中，來不來電比有沒有技能更重要。」傑夫．克萊門把成功歸功於：

「個性，你認識的人。假如老闆熱衷於高爾夫球，我們就應該都熱衷於高爾夫球。假如他抽雪茄，我們也都要抽雪茄。假如他喝白蘭地，我們也都必須喝白蘭地。你終究會看到他嚴重的缺失，然後掌握到這些缺失的證據。然後，假如你抓到他們的小辮子，他們就會繼續留用你。為求生存，你必須知道葬身之地。」

個性和做好工作有什麼關係？至少就工作表現而言，我仍然有自信自己會是個像金伯莉所說的「公關高手」。但我是否能夠扮演好教練和專家所指示的那個必要角色呢？常見對於強調個性的合理解釋是，現今企業界的人員很可能必須「團隊」合作，而在團隊中，一個人的舉止行為和知識經驗都同等重要。但即使做過這份性向測驗（其依據是假設每個人的個性都不同），似乎還是只有一種個性受歡迎，就是永遠興高采烈、熱忱有勁和順從馴服的個性——這正是過渡產業培養出來的特點。你可能會認為，較高層級的管理階層應該會有一些空間，可以容納那些偶爾工作上合不來的人，就像以前安隆的傑佛瑞・史基林（Jeffrey Skilling）和美國線上（AOL）的羅伯特・皮特曼（Robert Pittman）一樣，但一般還是認為合宜才占優勢。《金融時報》（*Financial Times*）最近有一篇文章指出，這些必備的人格特點甚至勝過聰明才智，而且在企業內每個階層皆是如此。

「想想看真正聰明的人有什麼特色。他們會為自己著想、他們喜愛抽象的觀念、他們可以冷眼旁觀事實。詭計是他們的敵人。異議對他們來說易如反掌，複雜的事物也是。這些特質不只在多數行業的工作中是不需要的，在大公司要升遷時，這些特質實際上都成為阻礙。」[12]

同一篇文章還提到一位資深職務的女士，在一次性向測驗時透露「諷刺是我最喜歡的幽默形式之一」而受到指責。文中報導：「她不會被炒魷魚，但公司的立場相當明白，除非她重新嚴正思考自己的幽默感，否則可能比較適合另謀高就。」從我的觀點來看，這點更糟。

團體裡每個人都具有相同的好性情、容易相處，而且不致於聰明到具威脅性，這實在是個很奇怪的團體。就我個人的團隊計畫經驗，總是至少會有一個脾氣不好或只會說風涼話的隊員，人數可能還更多呢。事實上，就因為這個人的存在，其他人才需要具有企業界非常重視的「人際關係的技能」。此外，在企業理應努力「多元化」的年代——組織「多元化委員會」並雇用「多元化的專業人才」，禁止個性多元化似乎會造成反效果，那只會阻礙像民族、性別、種族這些常見的多元化形式的成就。如果公司想要達到真正人口上的多元化，公司需要的人就是那些被認定對種族歧視過度敏感的非裔美國人，或是高喊反對性別歧視的女人。但這些人可能因為無法做一個充分順從的「隊員」，而有被解雇的危險。

儘管我有那些公認的性格缺失——諷刺、沒耐心，可能還有聰明，但我確實嚴肅看待「團隊合作」這個詞語。我在工作應徵函中所附的求職信裡，總是強調企盼在一個「有朝氣的團隊」中協力合作，而且我很喜歡在長期努力「推展公司的品牌與形象」下與他人合作的同事情誼。我一直是以獨立個體的身分在做「顧問」，現在我很熱切地想要從寒冷的外界進到溫暖的企業界中。我沒有注意到的是，我的求職夥伴們本身曾是「隊員」，這表示這些「團隊」應該都非常脆弱。

談了這麼多做一個討人喜歡的「隊員」的必要性，其實很多人都在相當殘酷的環境裡工作，對那些具有可取特點的人來說，這似乎特別具有挑戰性。興高采烈、樂觀愉快、順應服從，這些都是部屬的特質，是僕役而非主人，是女人（至少在傳統上）而非男人。管理大師哈維．麥凱建議讀者克服因經常失業所造成的痛苦與消極，並努力保持永遠樂觀的看法，之後他很神祕地提到：「最可親、最忠誠和最順從的員工，通常都是最容易被炒魷魚的人。」[13] 若照企業界的混亂情況來看，做一個可親的人這種指示聽起來就像當隻待宰的羔羊。

而且就在我寫這本書時，標準又提升了。可親與熱忱已不足以使一個人的個性具吸引力；就在過去幾個月中，我注意到大家對**熱情**的要求愈來愈多。在一九七九年寫出暢銷書

12 露西．凱拉威（Lucy Kellaway），〈公司不需要有頭腦的人〉（*Companies Don't Need Brainy People*），《金融時報》，二〇〇四年十一月二十二日。

13 麥凱，《我們被炒魷魚了！》，頁一〇五。

《與成功有約：高效能人士的七個習慣》（*The 7 Habits of Highly Effective People*），建言大師史蒂芬・柯維（Stephen Covey）在他另一本著作中提出「第八個習慣」，他解釋說：

> 「**高效能**……在今日的世界已不再是非強制性的選擇——它是進入競爭場域的代價。但在這個新的現實之中，要生存、繁榮、創新、超越和領先，都需要建立在高效能上，並超越高效能。這個新紀元的號召與需求就是**卓越**。這是為了**成就感**、**熱情的執行力**和**重大的貢獻**。」[14]

愈來愈多公司網站提出關於「熱情」的主張，令人喘不過氣，聲稱這是公司的特質和雇員的必要條件之一，就好像「假如你有熱忱、創意、熱情，想找一個意見會受到尊重的工作場所，到德爾飛公司（Delphi）來就對了」。凱文・克倫（Kevin Craine）在他的網路商業評論「每週洞察」（Weekly Insight）中，建議商業人士要學得「……熱情。你必須相信自己的策略，並對它有熱情。」《今日美國》（*USA Today*）評述：

> 「……下一代致勝的公司，會是那些用情感、理智、創意和熱情來工作的員工的公司，這是廣被接受的事實。」[15]

精力與奉獻已經是一九九五年那時候的事了；在二十一世紀，你必須要感受到一種和浪漫愛情一樣強烈的情感動力，或至少表達出來。不過，柯維提醒我們，在我們為這個可能性神魂顛倒之前，適當程度的熱情有時是需要被強迫鞭策出來的。你如何在公司實現「一個團結、有向心力的文化」？他回答：「引發痛苦。如果人人都滿足、快樂，他們就不會做太多的努力。你不希望等到市場引發你的痛苦後才來補救，所以你就必須用其他的方式來引發痛苦。」[16]

這個對「熱情」的新主張，標記著企業帝國更進一步擴展至其下屬的時間與精神。以前預期白領階級人士必須具備休閒嗜好；實際上，面試時若不列舉一項嗜好是很奇怪的，即使只是閱讀或打橋牌都好。不過，人們卻不預期現今「熱情」的員工有時間或精力去追求這種不重要的嗜好；他們隨時待命、放棄休假、開夜車、全力以赴，身心負荷達到極限。科學家、作家和競選活動參與者有時候也是這樣，但不是連續好幾年都如此，而且不是為了千變

---

14 史蒂芬．柯維，《第8個習慣：從成功到卓越》（*The Eighth Habit: Form Effectiveness to Greatness*），頁四。
15 戴爾．瓊斯（Del Jones），〈最好的朋友，事業的好幫手〉（*Best Friends Good for Business*），《今日美國》，二〇〇四年十二月一日。
16 出處同前。

萬化的目標而努力。

就是這種白領階級工作的不安定感，使得對熱情的要求顯得如此殘酷和不合常理。你或許可以對一份工作假裝有熱情，或甚至感覺到熱情，但下一份工作呢？再下一份呢？甚至連性工作者都不預期每次都要表現得很「熱情」了，而且他們的境遇當然很少受到拒絕。在被裁員後重新出發，而且以熱情的承諾重整心境，一而再，再而三——這個工作是給專業演員的，或是給一個已經無法自然表露情感的人。

其他的白領階級職業團體——醫生、律師、教師和大學教授，都比較能夠為自己安排自主與安定的生活。他們自二十世紀初以來，採取的主要策略就是專業化：對這些職業樹立嚴格的屏障，由法律的力量和類似美國醫學會（American Medical Association）這種專業組織的勢力作為後盾。[17] 像是沒有完整的教育和執照就不可以開業行醫，而醫生或教授也不會無緣無故被開除。就這種專業化的策略而言，有些職業還增加了由職業協會提供的進一步保護：教師、大學教授、新聞從業者，甚至還有一些醫生，都像煉鋼工人或礦工一樣，聯合起來對抗專斷獨裁的雇主，以保護自己。

另一方面，「商業專業」只是一種禮貌性的稱呼。例如，管理課程在相當晚近才成為大學的課程；而且，雖然MBA（企管碩士）在過去二十年來是成長最快的研究學位，但直到今天，它仍不是管理職的必要條件。[18] 先前有一個電視廣告甚至嘲弄MBA是自大且自以為無所不知的年輕人，但面對影印機時卻很無助。在這些商業「專業」中，只有會計具有傳統的職業品質保證：法定的必備養成教育、執照，和受到認證的知識體系。至於管理、人際關係、行銷和公關方面，任何像我一樣有大學學歷的人，都可以說自己是有潛力的從業者。這種公開的情形對業界老兵而言，就形成了很大的弱點：沒有透明化的方式來評鑑他們的表現，也不能保護他們免於任意開除的命運。

但比起白領企業勞工缺少的工作安定感，還有更重要的東西，那就是尊嚴。醫生出賣自己的技能與勞力；實際上，藍領或女性勞工也是如此。卡車卸貨的倉儲工人和設計造橋的工程師一樣，都可以合理地預期他們的工作牽涉到勞力與工資的直接交換。正如我在紐澤西徵才活動上遇到的年輕派遣工所說的：「只要給我一份工作，我就會把它做好。」然而對白領

---

17 專業化不完全是一種進步的發展。正如我在《墜落的恐懼：中產階級的生活內幕》（*Fear of Falling: The Inner Life of the Middle Class*）的辯言，進入醫界這個「模範職業」的教育要求，大部分都把女人、少數民族和較低階層的人摒除在外。

18 拉凱許．古拉納、尼汀．諾利亞和丹尼爾．彭瑞斯（Rakesh Khurana, NNith Nohria, and Daniel Penrice），《商業管理是一門職業嗎？》（*Is Business Management a Profession?*）SearchCIO.com，二〇〇五年二月二十二日。

階級的企業員工來說可不是這樣，不只是技能和賣力工作而已，他們還必須出賣**自己**。他們也許穿著一套「權力西裝」，看不起在他之下更卑微的大群勞工，但是比起勞工或職員可能認可的要求，他或她面對的是更具侵略性的心理索求。他們的世界充滿了陰謀詭計與定義不明的期望，還有操控與心戰，而自我表達（也就是「個性」和「態度」）往往比工作表現還重要。

白領勞工之所以無法聯合起來保護自己，對抗專斷獨裁的雇主，通常都要歸咎於個人主義——或是過於相信美國文化裡能者居之的理論。但是醫生、新聞工作者，甚至許多藍領勞工，並沒有比較不相信個人主義裡的能者居之理論。讓白領勞工與眾不同、變得那麼脆弱的原因是，他們必須絕對地、毫無保留地認同他們的雇主。醫生或科學家認同的是他們的職業，而不是目前雇用他們的醫院或實驗室，但白領階級的職員則預期要對目前坐在「長字輩高級主管辦公室」裡的人表達完全的忠誠。我那「危機管理」課程的指導員吉姆．盧卡澤斯基就說得很清楚：總裁也許是個呆子、公司的行為或許瀕臨犯罪邊緣——你仍然必須毫無保留地奉獻，無庸置疑。不幸的是，正如白領勞工被裁員的龐大數目所顯示，這種忠誠所得到的報答並不可靠。

所以失業者繼續漂流在他們黯淡的世界中，進行網路求職、寂寞的連結活動，以及昂

貴的輔導課程。可悲的是，他們其實還有更多的事情可以做。最明顯的目標，就是遊說要求具體改善失業者和焦急在職者的生活。而當務之急應該是把目前的失業福利擴充到比較接近北歐國家的程度，提供可能長達數年的各種福利。假如美國勞工有個可以依靠的安全後盾，那麼有關外包的整體辯論就會相當不同，或許比較不帶本土主義色彩的論調。但現在的狀況是，公司要求一個資訊科技人才訓練印度接班人來取代自己——這種侮辱已不算罕見，那還不如乾脆去挖自己的墳墓算了。

幾乎同樣迫切的需求是一套完全和工作無關的全民健保系統。當人們一生中有可能只做三或四份工作時，把健保交給雇主就比較合乎情理；但是當一生換工作的次數上升到二位數時，由雇主提供的保險就會導致長期沒有保障——特別是對中年人來說，「以前的健康狀況」可能會使他們資格不符，無法從更進一步的個人健保或勞保得到保障。而且，健保的成本已經成為開創就業機會的主要障礙；公司寧願走外包路線或雇用沒有福利的「約聘人員」，也不願負擔員工的健保費用。在所有的職業階層裡，美國總共有八百萬的失業人口，假如這些人發起一場公開支持全民健保的具體活動，想想看造成的影響會有多麼大。

如果擴展福利在當前的政治局勢下似乎不太可行，甚或只是空想時，還有自衛權利的立即挑戰。在許多戰線上，美國的中產階級正受到前所未有的攻擊。例如，二〇〇五年的聯邦破產法案，排除了負債累累的個人東山再起的可能性，導致愈來愈多的失業者和未充分就業者埋葬在勞役償債的生活中。同時，逐步上漲的大學學費也威脅到他們的子女無法從事白領階級工作。而且就在公司的退休金消失時，總統還大力推動去除社會福利。再也沒有比失業者更適合，或更有動機來領導中產階級的防衛運動——假若他們能夠認清共同的利益，並形成政治勢力展開行動。

首先，他們有的是時間——不是無止盡的時間，因為求職的確需要一些持續性的努力，但相對於在職場上一週要上班六十個小時以上的人而言，他們的時間就多出太多了。很多案例中，他們也具有藍領階級失業者所沒有的技能：行政與電腦相關的經驗，或許還有擬定計畫或策略及執行的能力。而且，在現存的中產階級代表衰退之時，他們當然會有動機。如果有任何人能夠為美國夢的消失作可靠見證的話，那就是失業白領——「按部就班」、「凡事做對」的那些人，結果還是淪落到衰敗的地步。

是的，需要在態度上改變、心理上轉換，才能從孤獨的絕望中躍往集體的行動上。但這不是職涯教練心中想像的那種轉變。失業者與焦急的在職者所需要的，並不是「好感度」，而是真正有能力向外接觸他人，並招募他們合作一項計畫，理想上最好包括極具異質性的一群人，像在較低階層、有長期壓力的勞工。他們所需要的也不是「必勝的態度」，而是一種更深遠、更古老的素養，一個在我求職過程中從未聽人提過的特質，那就是勇氣：儘管無勝算，還是團結在一起，為改變而努力的勇氣。

Acknowledgments

Bait And Switch

謝辭

我要感謝 Diane Alexander、Leah Gray，以及 Kelley Walker 在研究上給予無比珍貴的協助。Diane Alexander、Shakoor Aljuwani、Rosa Brooks、Ben Ehrenreich 和 Frances Fox Piven 幫我讀了前期草稿，並提供非常有用的評語。Jared Bernstein、Heather Boushey、Corinne Coen、John Ehrenreich、Doug Henwood、Ken Hudson、Robert Jackall 和 Jerry M. Newman 在我撰寫此書的過程中，回答了我各式各樣的問題。Arlie Hochschild 和我的經紀人 Kris Dahl 花了很多時間，處理我的研究所帶來的各種困難。最後，我要向 Metropolitan Books 團隊表達我的感激之情；感謝 John Sterling 的細心閱讀，感謝 Riva Hocherman 精彩的建議，然後，特別感謝我傑出優秀的編輯 Sara Bershtel。

失業白領的職場漂流——專欄作家化身高年級求職生的臥底觀察〔10 週年新版〕/ 芭芭拉 . 艾倫瑞克 (Barbara Ehrenreich) 作 ; 林淑媛譯 .-- 初版 .-- 臺北市 : 時報文化 , 2017.11 ；　面；　公分 .-- (People ; 411)
譯自 : Bait and switch : the (futile) pursuit of the American dream
ISBN 978-957-13-7221-1(平裝)
1. 就業 2. 失業

542.77　　106021117

ISBN 978-957-13-7221-1(平裝)
Printed in Taiwan.

PEOPLE 411

失業白領的職場漂流——專欄作家化身高年級求職生的臥底觀察〔10 週年新版〕

Bait And Switch : The (Futile) Pursuit of the American Dream

作者　芭芭拉・艾倫瑞克 Barbara Ehrenreich｜**譯者**　林淑媛｜**主編**　陳盈華｜**責任編輯**　石瑷寧｜**責任企劃**　黃筱涵｜**美術設計**　莊謹銘｜**內文排版**　薛美惠｜**總編輯**　余宜芳｜**發行人**　趙政岷｜**出版者**　時報文化出版企業股份有限公司　10803 台北市和平西路三段 240 號 4 樓　**發行專線**—(02)2306-6842　**讀者服務專線**—0800-231-705・(02)2304-7103　**讀者服務傳真**—(02)2304-6858　**郵撥**—19344724 時報文化出版公司　**信箱**—台北郵政 79-99 信箱　**時報悅讀網**—http://www.readingtimes.com.tw｜**法律顧問**　理律法律事務所　陳長文律師、李念祖律師｜**印刷**　勁達印刷有限公司｜**初版一刷**　2017 年 11 月｜**初版二刷**　2018 年 1 月 16 日｜**定價**　新台幣 320 元｜行政院新聞局局版北市業字第 80 號｜**版權所有　翻印必究**

時報文化出版公司成立於 1975 年，並於 1999 年股票上櫃公開發行，於 2008 年脫離中時集團非屬旺中，以「尊重智慧與創意的文化事業」為信念（缺頁或破損書，請寄回更換）。